Dr. Wilhelm Hornauer
Dr. Cornelie Jäger
Dr. Peter Reithmeier

Tierschutzrecht für Landwirte

33 Farbfotos
18 Tabellen

Inhalt

Hornauer | Jäger | Reithmeier

Tierschutzrecht für Landwirte

Vorwort

Themen wie Tierschutz und Tierwohl sind in der Mitte der Gesellschaft angekommen. Auch deshalb sind grundlegende Kenntnisse zum Tierschutzrecht für tierhaltende Landwirtinnen und Landwirte unentbehrlich. Vor dem Hintergrund einer häufig emotional geführten Debatte über den Tierschutz in der Landwirtschaft wollen wir mit diesem Buch eine leicht verständliche Einführung in das Tierschutzrecht zur Verfügung stellen.

Zu diesem Zweck werden die grundlegenden und in ganz Deutschland gleichermaßen geltenden Rechtsvorgaben für die landwirtschaftliche Tierhaltung in aller Kürze vorgestellt. Die Rechtstexte werden ganz bewusst nicht in vollem Umfang wiedergegeben. Es erschien uns geeigneter, die Inhalte des Tierschutzrechts mit der größten Bedeutung für die Praxis möglichst verständlich und übersichtlich darzustellen.

Nach einem einleitenden Teil mit Regeln, die von allgemeiner Bedeutung sind und für alle Tierarten gelten, haben wir deshalb die Vorstellung der Rechtsvorgaben nach Tierarten bzw. nach Tätigkeiten gegliedert. Im letzten Teil des Buches wird dargestellt, wie Behörden handeln, welche Folgen bei Verstößen gegen das Tierschutzrecht entstehen können und welche Reaktionsmöglichkeiten den Tierhalterinnen und Tierhaltern zur Verfügung stehen.

Mit der Zusammenstellung dieser Informationen hoffen wir, einen konstruktiven Beitrag zu einer schwierigen Debatte leisten zu können. Deshalb danken wir dem Verlag Eugen Ulmer dafür, dass er dieses Buch realisiert.

Im weiteren Verlauf des Buchs wird um der einfacheren Lesbarkeit willen darauf verzichtet, stets die männliche und weibliche Form bei Personen zu verwenden. Es sind aber selbstverständlich immer beide gemeint.

Dr. W. Hornauer, Dr. C. Jäger, Dr. P. Reithmeier
Böblingen, Stuttgart, Ravensburg

Abkürzungen

Abs.	Absatz
AVV	Allgemeine Verwaltungsvorschrift
BGB	Bürgerliches Gesetzbuch
BMEL	Bundesministerium für Ernährung und Landwirtschaft
BNatSchG	Bundes-Naturschutzgesetz
EG	Europäische Gemeinschaft, jetzt EU
EU	Europäische Union
FAO	Food and Agriculture Organization der Vereinten Nationen
FerkNarkSachkV	Verordnung zur Durchführung der Narkose mit Isofluran bei der Ferkelkastration durch sachkundige Personen
GG	Grundgesetz
GVE	Großvieheinheit
KTBL	Kuratorium für Technik und Bauwesen in der Landwirtschaft
LAVES	Niedersächsisches Landesamt für Verbraucherschutz und Lebensmittelsicherheit
LG	Lebendgewicht
mA	Milliampere
m^3	Kubikmeter
§	Paragraf, Mehrzahl §§
ppm	parts per million (zum Beispiel Kubikzentimeter pro Kubikmeter)
TierErzHaVerbG	Tiererzeugnisse-Handels-Verbotsgesetz
TierSchG	Tierschutzgesetz
TierSchHuV	Tierschutz-Hundeverordnung
TierSchlV	Tierschutz-Schlachtverordnung
TierSchNutztV	Tierschutz-Nutztierhaltungsverordnung
TierSchTrV	Tierschutz-Transportverordnung
TVT	Tierärztliche Vereinigung für Tierschutz e. V.
VwGO	Verwaltungsgerichtsordnung
(...)	steht für weggelassenen Originaltext

1 Allgemeines

1.1 Tierschutz und Tierwohl – was ist das?

In Debatten zur Haltung und Nutzung von Tieren tauchen stets Begriffe wie Tierschutz, Tierwohl, das Wohlbefinden und Wohlergehen von Tieren bzw. die artgerechte Haltung auf.

Was versteht man unter Tierschutz und Tierwohl?

Sehr vereinfachend beinhaltet der Begriff Tierschutz das, was die Menschen tun, um das Wohlergehen von Tieren zu fördern. Tierschutz geht vom Menschen aus, und es gibt klare gesetzliche Aufträge dafür. Das Wohlbefinden von Tieren, ihr Wohlergehen, häufig kurz als Tierwohl bezeichnet, ist dagegen das, was als Ergebnis der Haltungsbedingungen und der Bemühungen der Menschen bei den Tieren herauskommt. Je nach den Bedingungen in einer Tierhaltung ist das Tierwohl mehr oder weniger stark eingeschränkt.

Das Konzept der Fünf Freiheiten, das die Grundlage der Tierschutzrechtssetzung der EU ist, verdeutlicht, welche Voraussetzungen erfüllt sein müssen, um Tierwohl zu erreichen. Es geht nicht nur darum, dass der objektive Bedarf der Tiere an Futter, Wasser, Platz und Ähnlichem gedeckt wird, sondern dass auch die subjektiveren Elemente von Wohlbefinden, die Bedürfnisse wie beispielsweise normale Verhaltensweisen, zum Tragen kommen. Unter Bedarf wird verstanden, was für den Selbstaufbau und Selbsterhalt, also für das Wachstum und das Überleben eines Tieres notwendig ist, während mit Bedürfnis das Gefühl eines Mangels bezeichnet wird. Der gesetzliche Auftrag bei jeder Tierhaltung, der unter anderem im zweiten Paragrafen des deutschen Tierschutzgesetzes (Kapitel 1.2) formuliert wird, umfasst eindeutig, dass auch die Bedürfnisse der Tiere gedeckt werden müssen. Anders formuliert: Nur wenn alle Fünf Freiheiten erfüllt werden, kann man davon ausgehen, dass Wohlbefinden bei den Tieren, also Tierwohl, entsteht und die Anpassungsfähigkeit der Tiere an ihre Umgebung nicht überfordert wird.

> **Das Tierwohl-Konzept der Fünf Freiheiten**
>
> Freisein von Hunger und Durst
> Freisein von Unbehagen
> Freisein von Schmerz, Verletzungen und Erkrankungen
> Freisein von Angst und Stress
> Freisein zum Ausleben normaler Verhaltensweisen

Tierwohl messen?

Um das Wohlbefinden von Tieren systematisch erfassen und vergleichen zu können, sehen die meisten Tierwohlkonzepte vor, sogenannte Indikatoren – leicht beurteilbare, mess- oder zählbare Merkmale – zu nutzen. Grundsätzlich werden drei Arten von Indikatoren unterschieden: die sogenannten ressourcen-, management- und tierbasierten Indikatoren. Mit dem ersten Typ lassen sich die technischen und baulichen Voraussetzungen in Tierhaltungen erfassen. Der zweite Typ wird dazu genutzt, betriebliche Abläufe und Managemententscheidungen in die Bewertung aufzunehmen. Die tierbasierten Indikatoren schließlich werden direkt an den Tieren oder aus Probenmaterial der Tiere erhoben und spiegeln die Auswirkungen aller Bedingungen auf das Tier selbst wider. Die tierbasierten Indikatoren ermöglichen die unmittelbarsten Rückschlüsse auf das Wohlergehen der Tiere.

> **Beispiele für Tierwohl-Indikatoren**
>
> **Ressourcenbasierte Indikatoren:** Anzahl der Fressplätze, der Liegeplätze und der Tränken, Größe der Liegeplätze, Bodengestaltung, Klimaanlage, Vorhandensein von Auslauf
>
> **Managementbasierte Indikatoren:** Besatzdichte, routinemäßige Eingriffe, Klimaführung, Hygienemanagement, Impfregime, Sachkunde
>
> **Tierbasierte Indikatoren:** Körperkondition, Verschmutzung der Tiere, Verletzungen, Hautläsionen, Gelenkveränderungen, Lahmheiten, Husten, Nasenausfluss, Kotkonsistenz, Liegeverhalten, diverse Laborparameter, Todesfälle, Aggression oder Scheu gegenüber Menschen, Verhaltensstörungen

Für die Beurteilung von Tierhaltungen oder Haltungsverfahren werden üblicherweise mehrere Indikatoren kombiniert. Veränderungen beim Verhalten lassen sich in vielen Fällen direkt beobachten, wie zum Beispiel veränderte Bewegungsabläufe beim Aufstehen oder bei Stereotypien wie dem Zungenschlagen. Häufig werden auch sogenannte indirekte Verhaltensindikatoren genutzt wie Schwielenbildungen oder Verschmutzungen, wenn beispielsweise das Liegeverhalten der Tiere beeinträchtigt ist.

Erhebliche und andauernde Abweichungen vom Normalverhalten beim Ablauf, der Intensität oder der Häufigkeit einer Verhaltensweise werden als Verhaltensstörung bezeichnet. Dazu zählen auch Handlungen an nicht adäquaten Objekten wie Körperteilen von Artgenossen oder dem eigenen Organismus, also beispielsweise Federpicken, Schwanzbeißen oder Kannibalismus. Das abweichende Verhalten erfüllt die ursprüngliche Funktion nicht und kann zur Schädigung des verhaltensauffälligen Tieres oder seiner Artgenossen führen. Durch die Haltungsbedingungen verursachte, also reaktive Verhaltensstörungen, sind ein sicherer Hinweis dafür, dass die Anpassungsfähigkeit eines Tieres an seine Umgebung überfordert wurde oder wird.

1.2   Rechtsgrundlagen

Das Tierschutzrecht in Deutschland setzt sich im Wesentlichen aus zwei großen Komplexen zusammen. Zum einen gibt es das EU-Recht mit seinen Richtlinien und Verordnungen und zum anderen die nationale Gesetzgebung mit dem Tierschutzgesetz (TierSchG) und den dazu gehörenden, konkretisierenden nationalen Verordnungen, wie beispielsweise der Tierschutz-Nutztierhaltungsverordnung (TierSchNutztV). Zwei weitere grundlegende Bestimmungen zum Tierschutz finden sich zudem im Grundgesetz (GG) und im Bürgerlichen Gesetzbuch (BGB). Wenige weitere tierschutzrelevante Regeln wurden in anderen Gesetzen verankert, wie das Verbot, hochtragende Tiere zu schlachten (Kapitel 3.1).

Grundsätzliches im Tierschutzrecht

Lange Zeit wurden Tiere hauptsächlich aus wirtschaftlichen Gründen durch Rechtsvorgaben geschützt. Erst nach und nach kamen ethische Aspekte zum Tragen, die die Schutzbedürftigkeit von Tieren mit ihrer Leidensfähigkeit und ihrem eigenen Wert als empfindenden Lebewesen begründen.

Entgegen der verbreiteten Auffassung gelten Tiere im deutschen Recht nicht als Sachen. Bereits 1990 wurde das BGB entsprechend ergänzt.

> **§ § 90a BGB**
>
> Tiere sind keine Sachen. Sie werden durch besondere Gesetze geschützt. Auf sie sind die für Sachen geltenden Vorschriften entsprechend anzuwenden, soweit nicht etwas anderes bestimmt ist.

Diese Regelung unterstreicht den Vorrang des Tierschutzgesetzes, verdeutlicht aber auch, dass bei vielen Themen wie beispielsweise Eigentums- oder Schadenersatzfragen, bei denen es indirekter um das Tier geht, weiterhin dieselben Regeln wie für Gebrauchsgegenstände oder andere Sachen gelten.

Die zunehmende gesellschaftliche Beachtung des Themas Tierschutz führte 2002 dazu, dass der Schutz der Tiere als Staatsziel in das Grundgesetz aufgenommen und damit zu einem Verfassungsgut erhoben wurde.

> **§ Artikel 20a GG**
>
> Der Staat schützt auch in Verantwortung für die künftigen Generationen die natürlichen Lebensgrundlagen *und die Tiere* im Rahmen der verfassungsmäßigen Ordnung durch die Gesetzgebung und nach Maßgabe von Gesetz und Recht durch die vollziehende Gewalt und die Rechtsprechung.

Das Staatsziel Tierschutz, mit dem ausdrücklich auch der Schutz einzelner Tiere gemeint ist, beinhaltet unter anderem, dass die Gesetzgeber in Bund und Ländern aufgefordert sind, bei der Rechtsetzung den Schutz von Tieren zu berücksichtigen. Dies schließt das sogenannte Verschlechterungsverbot ein, wonach neue rechtliche Regelungen den Tieren nicht weniger Schutz bieten dürfen als die bestehenden Vorgaben. Außerdem bewirkt der Verfassungsrang des Tierschutzes, dass sein Stellenwert bei allen Abwägungsvorgängen erhöht wurde, also auch bei Maßnahmen von Behörden und der dazu gehörenden Ermessensausübung (Kapitel 4.1).

Tierschutzrecht der EU

Bei den Vorgaben der Europäischen Union lassen sich vor allem zwei Arten von Rechtstexten unterscheiden (Abb. 1). Zum einen gibt es EU-Verordnungen, die in der gesamten Union unmittelbar gültig und verbindlich sind. Wichtige Beispiele für solche EU-Verordnungen im landwirtschaftlichen Bereich sind die Verordnung (EG) Nr. 1/2005 über den Schutz von Tieren beim Transport und damit zusammenhängenden Vorgängen, kurz EU-Tiertransport-Verordnung, oder die Verordnung (EG) Nr. 1099/2009 über den Schutz von Tieren zum Zeitpunkt der Tötung, kurz EU-Schlacht-Verordnung.

Zum anderen gibt es EU-Richtlinien, die in den Mitgliedsstaaten nicht direkt gelten. Die Inhalte der Richtlinien müssen innerhalb einer vorgegebenen Frist in das jeweilige nationale Recht übernommen werden und erhalten so ihre Wirksamkeit. Bei der Umsetzung von EU-Richtlinien in nationales Recht kann es zu Unterschieden zwischen den Mitgliedsstaaten kommen. Bei Unklarheiten oder bei der Interpretation der nationalen Regeln wird häufig auf die ursprünglichen Richtlinientexte zurückgegriffen. Wichtige Beispiele für EU-Richtlinien, die Mindestanforderungen an die Tierhaltung festschreiben, sind die Nutztierhaltungsrichtlinie – Richtlinie 98/58/EG über den Schutz landwirtschaftlicher Nutztiere – und die Legehennen-, Kälber- bzw. Schweinehaltungsrichtlinie – Richtlinien 1999/74/EG, 2008/119/EG und 2008/120/EG.

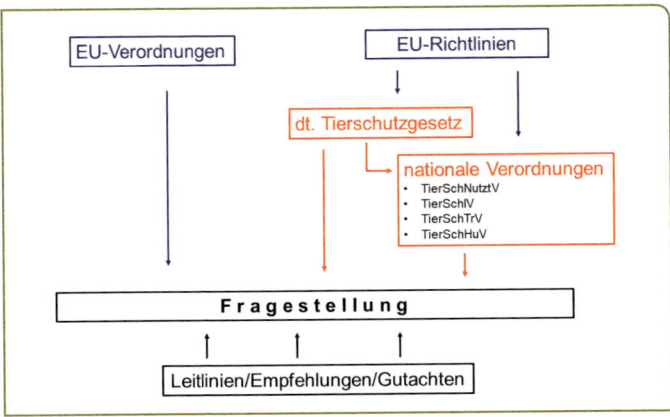

Abb. 1
Schematische Übersicht zu Rechtstexten, Gutachten und Leitlinien.

Das deutsche Tierschutzgesetz

Nach jahrhundertelangen Debatten hat man den Schutz von Tieren im 19. Jahrhundert allmählich in Gesetzestexte aufgenommen. Begründet wurde dies in der Regel mit dem Nutzen für die Menschen und nicht, weil es den Tieren selbst diente. So folgte die frühe Tierschutz-Rechtsetzung der Überlegung, dass Mitleid mit Tieren der sittlichen Erziehung der Menschen nütze. Strafbar war Tierquälerei zunächst nur, wenn sie eine Störung für die Menschen darstellte.

Häufig wird das Reichstierschutzgesetz von 1933 als erster Rechtstext betrachtet, der dem ethischen Tierschutz verpflichtet war, also die Tiere um ihrer selbst willen schützen sollte. Allerdings verfolgten die Nationalsozialisten mit diesem ersten eigenständigen Tierschutzgesetz auch nationalistische Propagandazwecke. Die Entwürfe für das Reichstierschutzgesetz waren außerdem bereits Jahre vor der Machtergreifung entwickelt worden. In Westdeutschland trat schließlich 1972 ein neues Tierschutzgesetz in Kraft. In der DDR blieb das Reichstierschutzgesetz bis zur Wende bestehen.

Während des Gesetzgebungsverfahrens für das TierSchG von 1972 standen die besondere Schutzbedürftigkeit des Lebens des Tieres, sein Wohlbefinden und seine Unversehrtheit außer Zweifel. Es wurde allerdings umgehend festgestellt, dass Einschränkungen aufseiten des Tieres unter bestimmten Bedingungen ethisch gerechtfertigt sind, nämlich immer dann, wenn es dafür einen sogenannten vernünftigen Grund gibt. Als vernünftig gilt ein Grund, wenn er von einem wichtigen, gesellschaftlich allgemein akzeptierten Motiv wie beispielsweise der Lebensmittelerzeugung bestimmt wird.

Die grundsätzliche Ausrichtung des TierSchG wird auch heute noch in den einleitenden Paragrafen deutlich. So stellt Paragraf (§) 1 den tierschutzrechtlichen Grundsatz und § 2 die durchaus anspruchsvolle allgemeine Tierhaltungsnorm dar. Beide Paragrafen (§§) zusammen stellen den gesetzlichen Auftrag zum Tierschutz für jeden Tierhalter und alle Menschen dar, die mit Tieren Umgang haben. Dieser Auftrag ist ein klares Bekenntnis zu einem ethisch motivierten Tierschutz und fordert zugleich dazu auf, wissenschaftliche Erkenntnisse über tierartgemäße und verhaltensgerechte Bedingungen und Erfordernisse als Beurteilungsmaßstäbe zu nutzen.

§ 1 TierSchG

Zweck dieses Gesetzes ist es, aus der Verantwortung des Menschen für das Tier als Mitgeschöpf dessen Leben und Wohlbefinden zu schützen. Niemand darf einem Tier ohne vernünftigen Grund Schmerzen, Leiden oder Schäden zufügen.

§ 2 TierSchG

Wer ein Tier hält, betreut oder zu betreuen hat,

1. muss das Tier seiner Art und seinen Bedürfnissen entsprechend angemessen ernähren, pflegen und verhaltensgerecht unterbringen,

2. darf die Möglichkeit des Tieres zu artgemäßer Bewegung nicht so einschränken, dass ihm Schmerzen oder vermeidbare Leiden oder Schäden zugefügt werden,

3. muss über die für eine angemessene Ernährung, Pflege und verhaltensgerechte Unterbringung des Tieres erforderlichen Kenntnisse und Fähigkeiten verfügen.

Das Tierschutzgesetz gliedert sich in mehrere Abschnitte. Zuerst werden grundsätzliche Gebote und Verbote formuliert. Dem schließt sich ein Abschnitt über das Töten von Tieren an. Es folgen Regeln zu Eingriffen bei Tieren, zu Tierversuchen, zur Zucht und zum Handel und schließlich zur Durchführung des Gesetzes. Diese beinhalten neben den Rechten und Pflichten der Behörden (§ 16 und § 16a TierSchG) auch die Straf- und Bußgeldvorschriften in den §§ 17 und 18 (Kapitel 4.1). Das deutsche Tierschutzgesetz von 1972 wurde immer wieder überarbeitet. Die wichtigsten Novellierungen stammen aus den Jahren 1986, 1998 und 2013.

Nationale Verordnungen konkretisieren

Um sehr allgemein gehaltene Formulierungen in Gesetzen zu konkretisieren, können nationale Verordnungen, Ausführungsgesetze und Verwaltungsvorschriften erlassen werden. Im Tierschutzrecht spielt insbesondere die Konkretisierung der Tierhaltungsnorm in § 2, die für alle Tiere gilt und deshalb allgemein formuliert wurde, eine große Rolle. Für die landwirtschaftlichen Nutztiere wurde deshalb die TierSchNutztV erlassen. Sie besteht aus einem allgemeinen Teil und verschiedenen tierartspezifischen Abschnitten, wobei bislang nicht für alle landwirtschaftlich genutzten Tierarten oder Nutzungsgruppen spezifische Regelungen etabliert wurden. Mit derselben Zielsetzung wurde die Tierschutz-Hundeverordnung (TierSchHuV) erlassen (Kapitel 2.7).

Berücksichtigt werden muss, dass solche Verordnungen zwar konkretere Vorgaben für die Tierhaltung beinhalten, damit aber nicht alle Aspekte der Tierhaltung abschließend geregelt sind. Wenn in der TierSchNutztV beispielsweise ganze Tierarten oder Nutzungsgruppen wie die Milchrinderhaltung, Bullenmast, Putenhaltung oder kleine Wiederkäuer nicht ausdrücklich erwähnt werden, dann gelten zum einen die Regelungen des allgemeinen Teils der TierSchNutztV (§§ 3 und 4) und die Grundsätze aus § 2 TierSchG weiter. Dies gilt auch dann, wenn auftretende Fragestellungen – beispielsweise zur Ausführung von Kälbertränken oder zur Ausgestaltung von Liegeflächen – in der TierSchNutztV nicht berücksichtigt oder nicht genau genug beschrieben wurden.

Beachten muss man außerdem, dass die TierSchNutztV zwar für das Halten von Nutztieren zu Erwerbszwecken gilt, in allen anderen Fällen, also bei reinen Hobbyhaltungen, aber ebenfalls als Maßstab zur Interpretation von § 2 TierSchG herangezogen wird. Die Bedürfnisse der Tiere verändern sich schließlich nicht dadurch, dass sie zu Erwerbszwecken oder hauptsächlich zum Vergnügen gehalten werden. Ausdrücklich ausgenommen von der Verordnung ist lediglich die vorübergehende Haltung von Nutztieren bei bestimmten, zeitlich begrenzten Veranstaltungen, während einer tierärztlichen Behandlung oder unter bestimmten Bedingungen während Tierversuchen.

Ähnlich wie die TierSchNutztV oder die TierSchHuV existieren nationale Verordnungen zum Schlachten und zum Transport von Tieren, die inzwischen allerdings hauptsächlich die konkretisierenden Aspekte enthalten, die in den EU-Verordnungen nicht enthalten sind.

Die Bedeutung von Gutachten und Leitlinien

Da trotz nationaler Verordnungen viele Fragestellungen nicht so klar geregelt sind, dass für Tierhalter und Behörden eindeutig feststeht, wie eine tiergerechte Haltung gestaltet sein muss, wird zur Auslegung von § 2 TierSchG immer wieder auf Leitlinien oder Gutachten zurückgegriffen. Wichtige Beispiele für solche vorweggenommenen Sachverständigengutachten sind die Leitlinien des

BMELV zur Beurteilung von Pferdehaltungen unter Tierschutzgesichtspunkten, die Empfehlungen zur Schaf- und Ziegenhaltung der Deutschen Gesellschaft für die Krankheiten der kleinen
Wiederkäuer, die sog. Milchkuhleitlinien des niedersächsischen
Landwirtschaftsministeriums oder die Merkblätter der Tierärztlichen Vereinigung für Tierschutz e.V. (TVT). Ihr Gewicht und
ihre Bedeutung als Maßstab wurden bereits wiederholt gericht-
lich bestätigt und unterstrichen.

Als Gutachten höchsten Ranges sind außerdem die Empfehlungen des Europarats zu den unterschiedlichsten landwirtschaftlich genutzten Tieren einzustufen. Die Behörden haben den ausdrücklichen Auftrag, diese internationalen Empfehlungen bei der
Beurteilung von Tierhaltungen zu berücksichtigen.

Neben solchen Dokumenten, die von Expertengremien
erarbeitet wurden, existieren zudem sogenannte freiwillige
Vereinbarungen zwischen der tierhaltenden Branche und der
Bundesregierung oder einzelnen Ländern. Vor allem im Bereich
der Geflügelhaltung dienen solche Vereinbarungen als Beurteilungsmaßstab, insbesondere dann, wenn für tierschutzrelevante
Aspekte wie die Legehennenaufzucht oder ganze Tierarten wie
die Puten- oder Entenhaltung keine anderen Regeln etabliert
wurden.

Handlungsanleitungen für die Behörden

Mit der Zielsetzung, einen einheitlichen Vollzug der Regeln für
die Tierhaltung zu erreichen, existieren außerdem sogenannte
Verwaltungsvorschriften, die sich nicht an die Tierhalter, sondern
an die Behörden richten. Im Hinblick auf den Tierschutz spielt
vor allem die Allgemeine Verwaltungsvorschrift (AVV) zur Durchführung des Tierschutzgesetzes eine wichtige Rolle, weil darin
viele Begriffe definiert und Vorgehensweisen beschrieben werden. Ergänzend dazu erarbeiten die Behörden häufig länderüber-
greifend Auslegungshinweise zu Fragestellungen, die im Alltag
wiederholt auftreten. Diese Auslegungshinweise sind allerdings
lediglich eine Orientierungshilfe für die Behörden.

1.3 Regeln für alle landwirtschaftlich genutzten Tierarten

Manche Regelungen des TierSchG gelten für alle Tiere und viele für sämtliche Wirbeltiere, völlig unabhängig von ihrer Nutzung. Darüber hinaus gibt es rechtliche Vorgaben, die gelten, wenn Tiere zu Erwerbszwecken oder gewerbsmäßig, also nicht nur als Hobby, gehalten werden. Grundsätzlich gilt aber, dass diese Regeln auch für Hobbytiere wirksam werden, weil sie den Behörden als Vergleichs- und Beurteilungsmaßstab dienen, ob beispielsweise auch hobbymäßige Schaf- oder Kaninchenhaltungen ausreichend tiergerecht betrieben werden.

Verbote, die für alle Tiere gelten

Häufig betrachtet man die ausdrücklichen Verbote im TierSchG, die in § 3 aufgelistet werden, als negatives Gegenstück zur allgemeinen Tierhaltungsnorm in § 2 TierSchG, also dem Leitbild für die Tierhaltung.

Zu den Verboten, die für alle Tiere gelten, zählt zum Beispiel das Überforderungsverbot. Dieses Verbot macht deutlich, dass es eine Grenze für Leistungen gibt, die man einem Tier abverlangen darf. Zu den Leistungen der Tiere gehören alle ihre Fähigkeiten und Kräfte, die der Mensch in Anspruch nimmt. Darunter fallen neben Zug-, Lauf- oder anderen Kraftleistungen auch die Milch-, Mast- und Legeleistung sowie die Fortpflanzungsleistungen. Das Überforderungsverbot greift immer dann, wenn ein Missverhältnis zwischen der Leistung, die dem Tier abverlangt wird, und dessen Kapazität auch ohne Expertenwissen – also offensichtlich – erkennbar ist. Es muss dabei noch nicht zu Schmerzen, Leiden oder Schäden bei dem betroffenen Tier gekommen sein. Wirtschaftliche Gründe oder sportlicher Ehrgeiz stellen dabei keine Rechtfertigung dar.

Weitere generelle Verbote, die auch für die Tiere in der Landwirtschaft gelten, sind das Dopingverbot und das Verbot, Tiere, die vom Menschen gehalten wurden, auszusetzen. Deshalb darf man unerwünschte oder überzählige Tiere, wie beispielsweise den Nachwuchs von Hofkatzen, nicht einfach aussetzen oder sich selbst überlassen, um sie loszuwerden.

Bei der Planung von Vergnügungsveranstaltungen, Wettbewerben und Spielen mit Tieren bei Hoffesten oder ähnlichen Veranstaltungen sollte man außerdem ein weiteres Verbot berücksichtigen, um unnötige Debatten zu vermeiden: Es ist nämlich untersagt, Tiere für Filmaufnahmen, Schaustellung, Werbung und Ähnliches einzusetzen, wenn dadurch Schmerzen, Leiden und Schäden für die Tiere entstehen. Wenn Tiere zur Unterhaltung und zum Vergnügen von Menschen genutzt werden oder die Aufmerksamkeit von Menschen erregen sollen, ist die Grenze für den Einsatz der Tiere bereits durch Schmerzen, Leiden und Schäden unterhalb der Erheblichkeitsschwelle erreicht. Bei der Planung eines Kuh-Roulettes, aber auch bei der Ausstellung von Jungtieren zum Vergnügen von Gästen sollte deshalb u. a. unbedingt für ausreichende Rückzugsmöglichkeiten, Beschattung oder sonstigen Witterungsschutz gesorgt werden.

Zwei weitere Verbote wurden erst 2013 in das Tierschutzgesetz eingefügt. Zum einen handelt es sich um das Verbot, sexuelle Handlungen an Tieren vorzunehmen. Zum gleichen Zeitpunkt wurde zum anderen verboten, ein Tier als Preis bei einem Wettbewerb, einer Verlosung, einem Preisausschreiben oder einer ähnlichen Veranstaltung auszuloben. Damit soll verhindert werden, dass Tiere an unvorbereitete Personen abgegeben werden, die weder über ausreichende Kenntnisse und Erfahrungen für eine bedarfsgerechte Versorgung des Tieres noch über geeignete Unterbringungsmöglichkeiten verfügen. Ausdrücklich ausgenommen von diesem Verbot sind allerdings Veranstaltungen für Fachpublikum, wenn man erwarten kann, dass der Gewinner des Tieres § 2 TierSchG (Kapitel 1.2) erfüllen kann. Ein Beispiel dafür könnten Viehauktionen sein, bei denen nur sachkundige Personen an einer Verlosung oder Ähnlichem teilnehmen dürfen.

Betäubungspflicht beim Schlachten und Töten von Tieren

Zu den grundlegenden Regeln im deutschen Tierschutzrecht zählt, dass grundsätzlich nur wirkungsvoll betäubte Wirbeltiere getötet werden dürfen. Diese Regel betrifft das Schlachten, aber auch die Tötung schwerstkranker und nicht überlebensfähiger Tiere. Oberster Grundsatz ist, dass Wirbeltiere – den sog. vernünftigen Grund vorausgesetzt – nur unter Betäubung, in jedem Fall aber unter größtmöglicher Vermeidung von Schmerzen getötet werden dürfen. Vom Grundsatz der Betäubung gibt es nur wenige Ausnahmen: für Notfälle, bei der Jagd, bei der Schädlingsbekämpfung oder beim betäubungslosen Schächten, für das eine besondere Genehmigung erteilt werden muss. Eine wichtige Voraussetzung für das Betäuben im Zusammenhang mit dem Töten ist außerdem, dass nur sachkundigen Personen das Töten von Tieren erlaubt ist. Unter Betäubung werden alle Verfahren verstanden, die zur vollständigen Ausschaltung der Wahrnehmungs- und Empfindungsfähigkeit des Tieres führen. Die Wahrnehmungs- und Empfindungslosigkeit muss dadurch erreicht werden, dass die entsprechenden Funktionen des Gehirns komplett ausgeschaltet werden.

§ **§ 4 TierSchG (Tötung)**

(1) Ein Wirbeltier darf nur unter wirksamer Schmerzausschaltung (Betäubung) in einem Zustand der Wahrnehmungs- und Empfindungslosigkeit oder sonst, soweit nach den gegebenen Umständen zumutbar, nur unter Vermeidung von Schmerzen getötet werden. Ist die Tötung eines Wirbeltieres ohne Betäubung im Rahmen weidgerechter Ausübung der Jagd oder auf Grund anderer Rechtsvorschriften zulässig oder erfolgt sie im Rahmen zulässiger Schädlingsbekämpfungsmaßnahmen, so darf die Tötung nur vorgenommen werden, wenn hierbei nicht mehr als unvermeidbare Schmerzen entstehen. Ein Wirbeltier töten darf nur, wer die dazu notwendigen Kenntnisse und Fähigkeiten hat.

(1a) Personen, die berufs- oder gewerbsmäßig regelmäßig Wirbeltiere zum Zweck des Tötens betäuben oder töten, haben gegenüber der zuständigen Behörde einen Sachkundenachweis zu erbringen. (…).

In den Fällen, bei denen auf eine Betäubung verzichtet werden darf, wird die größtmögliche Vermeidung von Schmerzen dadurch erreicht, dass die Vorgehensweise möglichst zum sofortigen Tod des Tieres führt. Dies muss beispielsweise bei der Beurteilung von Methoden zur Schädlingsbekämpfung (Fallen, Giftköder u. Ä.) berücksichtigt werden oder wenn Tiere in einer Unfallsituation getötet werden müssen, die keine Betäubung zulässt.

Ergänzend zur Betäubungspflicht beim Töten ist zu beachten, dass Personen, die regelmäßig schlachten und töten, nicht nur sachkundig sein müssen, also wissen, wie eine korrekte Betäubung und Tötung ausgeführt werden muss. Sie benötigen darüber hinaus auch einen Nachweis über ihre Sachkunde. Welche Methoden konkret für das Betäuben und Töten von Tieren zulässig sind, legen die Verordnung (EG) Nr. 1099/2009 und nationale Rechtsvorgaben fest (Kapitel 3.1).

Betäubungspflicht bei Eingriffen an Tieren

Eine weitere Verpflichtung, die Wahrnehmungsfähigkeit bzw. das Schmerzempfinden bei Tieren auszuschalten, besteht bei chirurgischen Eingriffen. Grundsätzlich gilt, dass immer dann, wenn bei einem vergleichbaren Eingriff beim Menschen eine Narkose oder lokale Betäubung durchgeführt wird, dies auch beim Tier geschehen muss. Allerdings gibt es eine ganze Reihe von Ausnahmen zu diesem Betäubungsgebot. Es handelt sich dabei um die sog. managementbedingten Eingriffe wie beispielsweise das Kupieren von Ferkel- oder Lämmerschwänzen bis zu einem bestimmten Lebensalter, das Enthornen bzw. Veröden der Hornanlage bei bis zu sechs Wochen alten Rindern und bestimmte Kennzeichnungsverfahren. Auch die Kastration von unter acht Tagen alten männlichen Ferkeln darf noch bis Ende 2020 ohne Betäubung stattfinden. Ein Grund für den Verzicht auf die Betäubung bei Eingriffen an ganz jungen Tieren war ursprünglich, dass man der Auffassung war, Jungtiere hätten ein geringer entwickeltes Schmerzempfinden als ausgewachsene Tiere. Dies ist jedoch seit gut 30 Jahren widerlegt.

Ein Verzicht auf die Betäubung darf außerdem erfolgen, wenn das Betäubungsrisiko nach tierärztlicher Einschätzung im konkreten Einzelfall zu hoch ist. Grundsätzlich muss ein Tierarzt die Betäubung bei Eingriffen vornehmen, wobei für ganz bestimmte, klar umrissene Fälle Ausnahmen von diesem sog. Tierarztvorbehalt vorgesehen sind.

§ **§ 5 TierSchG (Betäubung von Wirbeltieren)**

(1) An einem Wirbeltier darf ohne Betäubung ein mit Schmerzen verbundener Eingriff nicht vorgenommen werden. Die Betäubung warmblütiger Wirbeltiere sowie von Amphibien und Reptilien ist von einem Tierarzt vorzunehmen. (…). Ist (…) eine Betäubung nicht erforderlich, sind alle Möglichkeiten auszuschöpfen, um die Schmerzen oder Leiden der Tiere zu vermindern.

Lange Zeit nahezu unbeachtet blieb die gesetzliche Regelung, dass auch bei den managementbedingen Eingriffen alle Möglichkeiten ausgeschöpft werden müssen, um die Schmerzen oder Leiden der Tiere zu vermindern. Erst mehr als zehn Jahre nach Einführung dieser Vorgabe wurde die routinemäßige Schmerzmittelgabe bei der Ferkelkastration bzw. eine Sedierung und

Schmerzlinderung beim Enthornen von Kälbern zur guten fachlichen Praxis erklärt.

Amputationsverbot

Ähnlich grundlegend wie das geschilderte Betäubungsgebot beim Töten oder bei chirurgischen Eingriffen ist auch das Amputationsverbot. Es besagt, dass an Wirbeltieren prinzipiell keine Amputationen vorgenommen, also Organe oder Körperteile entfernt werden dürfen. Für den Bereich der landwirtschaftlichen Tierhaltung gibt es auch davon eine ganze Reihe von Ausnahmen bei den sog. managementbedingten Eingriffen. Trotz des grundsätzlichen Amputationsverbots dürfen in Deutschland beispielsweise die Schwänze von unter vier Tage alten Ferkeln gekürzt werden, um die Auswirkungen der Verhaltensstörung Schwanzbeißen zu vermindern. Manche managementbedingten Eingriffe wie das Kupieren der Schnabelspitzen bei Geflügel bedürfen einer Ausnahmegenehmigung. Beim Kürzen der Ferkelschwänze muss dagegen nur auf Nachfrage dargelegt werden, dass die Maßnahme für die weitere Nutzung der Tiere zwingend notwendig ist bzw. dem Schutz der Tiere dient.

Die geringen Anforderungen an die Ausnahme vom Amputationsverbot, wie sie beim Kupieren von Ferkelschwänzen existieren, stehen im Widerspruch zur EU-Rechtsetzung. So wird in der EU-Schweinehaltungs-Richtlinie festgelegt, dass das Kupieren der Schwänze nicht routinemäßig durchgeführt werden darf. Vor der Entscheidung zu kupieren müssen andere Maßnahmen getroffen werden, um Schwanzbeißen und andere Verhaltensstörungen zu vermeiden. In der Richtlinie wird ausdrücklich darauf hingewiesen, dass dabei die Unterbringung und Bestandsdichte berücksichtigt und ungeeignete Unterbringungsbedingungen oder Haltungsformen geändert werden müssen. Diese deutlich klarer formulierten Vorbedingungen für das Kupieren wurden zwar in verkürzter Form in nationales Recht übernommen, führen aber kaum zu Konsequenzen. Dies – und die Tatsache, dass in Deutschland nahezu flächendeckend routinemäßig kupiert wird – hat zu einem Beschwerdeverfahren der EU-Kommission gegen Deutschland und weitere Mitgliedstaaten geführt. Da sich dennoch wenig geändert hat, erhöht die EU derzeit den Druck auf Deutschland und fordert konkretere Maßnahmen zur Durchsetzung des bestehenden Rechts.

Landwirtschaftlich genutzte Tierarten und Genehmigung der Tierhaltung

Die Frage, welche Tiere zu den landwirtschaftlich genutzten Tieren zählen, spielt vor allem in zweierlei Hinsicht eine Rolle. Zum einen geht es um bestimmte Erlaubnispflichten und zum anderen darum, für welche Tiere die Regeln der TierSchNutztV gelten.

Viele Formen der Tierhaltung und Tätigkeiten wie die gewerbsmäßige Zucht oder der gewerbsmäßige Handel mit Wirbeltieren, deren Wirkung über den reinen Privatbereich hinausgeht, unterliegen der Erlaubnispflicht. Dadurch sollen die Behörden einen Überblick über relevante Tierhaltungen bzw. Tätigkeiten erhalten. Die AVV zur Durchführung des Tierschutzgesetzes stellt klar, dass domestizierte Wiederkäuer, Schweine, Kaninchen und Geflügel, die zur Gewinnung tierischer Produkte gezüchtet oder gehalten werden, und domestizierte Einhufer, also Pferde und Esel, erlaubnisfrei gehalten werden dürfen. Auch wenn Fische, die zur Schlachtung oder zum Besatz bestimmt sind, oder deren Elterntiere bzw. Farbmutanten in der Teichwirtschaft oder Fischzucht gehalten werden, ist keine Genehmigung erforderlich. Diese Erlaubnisfreiheit stellt ein Privileg dar und zielt auf die Tierarten, die üblicherweise für landwirtschaftliche Zwecke genutzt werden. Ursprünglich gehörte die landwirtschaftliche Tierhaltung zum üblichen Alltag, weshalb vorausgesetzt wurde, dass ausreichend Kenntnisse und Fähigkeiten im Umgang mit den betreffenden Tierarten vorliegen. Dass diese Annahme heute nicht mehr zutrifft, spiegelt sich unter anderem in den Sachkundenachweisen wider, die inzwischen nach der TierSchNutztV für die Haltung von Masthühnern und Kaninchen verlangt werden.

Für alle anderen gewerbsmäßigen Tierhaltungen mit Tierarten, die nicht ausdrücklich zu den Nutztieren zählen, wird eine Genehmigung einschließlich Sachkundenachweis (§ 11 TierSchG) verlangt. Diese Erlaubnispflicht gilt auch für Straußenvögel oder für Kameliden wie Lamas und Alpakas als Therapietiere.

Die Definition für Nutztiere in der TierSchNutztV ist dagegen etwas weiter gefasst und schließt alle landwirtschaftlich genutzten Tiere und zusätzlich alle anderen warmblütigen Wirbeltiere ein, die zur Erzeugung von Wolle, Häuten oder Fellen oder zu anderen landwirtschaftlichen Zwecken gehalten werden. Dies gilt auch dann, wenn vor allem ihre Nachzucht zu diesen Zwecken gehalten werden soll. Deshalb gelten die tierartenübergreifenden

Regeln der TierSchNutztV auch für Elterntierherden wie beispielsweise beim Geflügel, aber auch für Straußenvögel, deren Eier und Fleisch genutzt werden, und sogar für die Pelztiere.

Handel mit landwirtschaftlich genutzten Tieren

Anders als die landwirtschaftliche Tierzucht und -haltung unterliegt der gewerbsmäßige Handel mit landwirtschaftlichen Nutztieren ebenfalls der Erlaubnispflicht wie der sonstige gewerbsmäßige Handel mit Tieren auch. Gewerbsmäßig bedeutet, dass eine Tätigkeit selbstständig, planmäßig, fortgesetzt und mit der Absicht der Gewinnerzielung ausgeübt wird, selbst wenn dabei faktisch kein Gewinn entsteht. Ab welcher Größenordnung Zucht oder Handel als gewerbsmäßig gelten, bestimmt bei den verschiedenen Tierarten oder -gruppen in der Regel nicht die einzelne Behörde, sondern wird durch die AVV mit dem Ziel festgelegt, einheitliches Verwaltungshandeln zu erzielen. Für den Bereich der landwirtschaftlich genutzten Tiere stellt die AVV klar, dass die Abgabe oder der Verkauf von landwirtschaftlichen Nutztieren aus eigener Produktion sowie der Erwerb zur Zucht oder Mast durch die Betriebe kein gewerbsmäßiger Handel ist. Im Rahmen dieses nicht-gewerbsmäßigen und damit nicht erlaubnispflichtigen Handels sind sogar Zukäufe zur unmittelbaren weiteren Veräußerung bis höchstens 20 % der eigenen Produktion zulässig. Alles was darüber hinausgeht, erfordert jedoch eine Erlaubnis nach § 11 Abs. 1 Nr. 8 b) TierSchG.

Eigenkontrollen

Erst 2013 wurde die Verpflichtung zu sog. Eigenkontrollen in Nutztierhaltungen ins TierSchG eingefügt und soll die Verantwortung des Tierhalters verstärken.

§ **§ 11 Abs. 8 TierSchG**

Wer Nutztiere zu Erwerbszwecken hält, hat durch betriebliche Eigenkontrollen sicherzustellen, dass die Anforderungen des § 2 eingehalten werden. Insbesondere hat er zum Zwecke seiner Beurteilung, dass die Anforderungen des § 2 erfüllt sind, geeignete tierbezogene Merkmale (Tierschutzindikatoren) zu erheben und zu bewerten.

Es sollen ausdrücklich tierbezogene Merkmale, also tierbasierte Indikatoren (Kapitel 1.1) einbezogen werden, um als Tierhalter zu bewerten, ob die allgemeine Tierhaltungsnorm (Kapitel 1.2) erfüllt wird. Auch heute besteht häufig noch Unklarheit darüber, wie die Eigenkontrollen durchgeführt werden sollen. Geeignete Anleitungen zur Durchführung der Eigenkontrollen finden sich u. a. beim Kuratorium für Technik und Bauwesen in der Landwirtschaft (KTBL).

Qualzuchtverbot

Außerhalb des Verbotskatalogs von § 3 TierSchG existiert ein weiteres Verbot, das auch die landwirtschaftliche Tierhaltung betrifft, aber außerordentlich schwierig zu handhaben ist. Es handelt sich um das sogenannte Qualzuchtverbot in § 11b TierSchG, wonach keine Züchtungen durchgeführt werden dürfen, wenn als Folge der Zucht bei der Nachzucht Körperteile oder Organe für den artgemäßen Gebrauch fehlen, untauglich oder umgestaltet sind und dadurch Schmerzen, Leiden oder Schäden auftreten oder aber die Haltung der Nachkommen nur unter Schmerzen oder vermeidbaren Leiden möglich ist bzw. zu Schäden führt. Es besteht allerdings kaum Erfahrung mit der Durchsetzung dieses Verbotes. Die Abgrenzung zulässiger und unzulässiger Zuchtziele ist zudem häufig unklar.

Bemerkenswert ist allerdings, dass in sämtlichen tierartspezifischen Europaratsempfehlungen seit über 25 Jahren ausdrücklich darauf hingewiesen wird, dass Züchtungen oder Zuchtprogramme nicht durchgeführt werden dürfen, wenn sie bei den beteiligten Tieren auch nur aller Voraussicht nach zu Leiden oder Schäden führen. Ob diese Grenze beispielsweise bei kaum bewegungsfähigem Mastgeflügel und den dazugehörigen Folgen wie Fußballenveränderungen, Brustblasen oder intramuskulären Nekrosen erreicht wird, ist hochgradig umstritten.

Allgemeine Regeln für die Unterbringung landwirtschaftlich genutzter Tiere

Für die Unterbringung von Nutztieren stellt neben § 2 TierSchG vor allem § 3 der TierSchNutztV den ersten Schritt zur Konkretisierung und den grundlegenden Rahmen dar, der für alle landwirtschaftlich genutzten Tiere eingehalten werden muss. Werden Nutztiere zu Erwerbszwecken gehalten, ist die TierSchNutztV ohne jede Einschränkung rechtlich bindend. Aber auch wenn Nutztiere als Hobby gehalten werden, lassen sich die Regeln dieser Verordnung als Beurteilungsmaßstab heranziehen.

Deshalb gilt für die Haltung aller Tiere der landwirtschaftlich genutzten Arten, dass Ställe, Unterstände, Zäune und alle anderen Einrichtungselemente so gebaut und beschaffen sein müssen, dass Verletzungsgefahren und Gesundheitsgefährdungen für die Tiere so gut ausgeschlossen werden, wie es nach dem Stand der Technik möglich ist. Dazu gehört auch, mögliche Unfallquellen im Stall, auf Weiden und in Fischteichen im Bedarfsfall auszugrenzen.

Tränke- und Fütterungseinrichtungen müssen stets so ausgestaltet und angeordnet sein, dass jedes Tier Zugang zu ausreichenden Mengen an Futter und Wasser erhält. Dabei muss dafür gesorgt werden, dass Auseinandersetzungen zwischen den Tieren oder ein Verschmutzen von Futter und Wasser auf ein Mindestmaß beschränkt bleibt. Das bedeutet unter anderem, dass zum Beispiel für Futterstellen auf Weiden ein Untergrund gewählt werden muss, der verhindert, dass die Tiere verschmutztes Futter aufnehmen müssen.

Außerdem muss jede Nutztierhaltung so angelegt sein, dass den Tieren ausreichend Witterungsschutz und Schutz vor Beutegreifern zur Verfügung steht. In Ställen muss es möglich sein, jederzeit alle Tiere in Augenschein zu nehmen (Beleuchtung) und im Bedarfsfall auf jedes Tier zuzugreifen (Zugang). Selbstverständlich muss ein Stall den klimatischen Bedürfnissen der Tiere genügen (Temperatur, Schadgasgehalt der Luft u. a.). Technische Einrichtungen müssen lärmarm und im Bedarfsfall mit einem Notstromaggregat arbeiten. Wird die Lüftung in einem Stall elektrisch betrieben, muss zudem für den Havariefall neben einer Alarmanlage eine Ersatzvorrichtung für eine ausreichende Luftzufuhr vorhanden sein.

Allgemeine Regeln für die Betreuung

Neben diesen baulich-technischen Erfordernissen werden in § 4 der TierSchNutztV allgemein gültige Mindestanforderungen für die Betreuung der Tiere festgelegt. So müssen für die Fütterung und Pflege der Tiere ausreichend viele Personen mit den notwendigen Kenntnissen und Fähigkeiten vorhanden sein. Die Betreuungspersonen müssen u. a. mindestens einmal täglich die direkte

Überprüfung der Tiere durchführen. Von dieser Regelung gibt es nur ganz wenige Ausnahmen für besondere Situationen, wie beispielsweise während der Alpung. Bei der täglichen Überprüfung müssen tote Tiere entfernt und kranke oder verletzte Tiere versorgt werden, was je nach Zustand der Tiere die Absonderung, das Hinzuziehen eines Tierarztes oder auch das fachgerechte Töten (Kapitel 3.1) einschließt.

Wer Tiere hält oder betreut, muss dafür sorgen, dass die Beleuchtung, die Belüftung und die Tränke- bzw. Fütterungsvorrichtungen täglich, andere Ausstattungselemente in den technisch notwendigen Abständen kontrolliert, Mängel unverzüglich abgestellt oder Ersatzmaßnahmen eingeleitet werden. Außerdem ist der Geräuschpegel im Stall so gering wie möglich zu halten und dauernder oder plötzlicher Lärm zu vermeiden. Die Beleuchtung muss für die tierartspezifischen Bedürfnisse ausreichen oder durch künstliche Beleuchtung ergänzt werden. Als ausreichend gilt die Beleuchtung, wenn das Normalverhalten der Tiere nicht eingeschränkt wird. Die Tierhaltungseinrichtung muss außerdem sauber gehalten werden; Harn und Kot müssen dabei so oft wie nötig entfernt werden, um unnötige Gefährdungen und Beeinträchtigungen für die Tiere auszuschließen. Außerdem müssen laut § 4 Abs. 2 der TierSchNutztV Aufzeichnungen über die Ergebnisse der täglichen Kontrollen erstellt werden, falls sie sich nicht aus anderen Rechtsvorschriften ohnehin ergeben.

Weitere rechtliche Vorgaben, die den Umgang mit allen Tieren betreffen und der Durchsetzung des Tierschutzrechts dienen, werden in Kapitel 4.1 vorgestellt.

2 Tierschutzrecht bei den einzelnen Tierarten

2.1 Rinder

Die Rinderhaltung spielt in Deutschland ungebrochen eine wichtige Rolle in der landwirtschaftlichen Tierhaltung. 2018 wurden knapp 12 Millionen Tiere gehalten. Die Zahl an rinderhaltenden Betrieben sinkt seit Jahren stärker als die Gesamtzahl der Rinder. Hier findet also eine Konzentration im Sinne eines Strukturwandels statt, wobei es keinen automatischen Zusammenhang zwischen Bestandsgröße und Tiergerechtheit gibt. Vielmehr zeigt langjährige Berufserfahrung, dass Betriebsinhaber von größeren Betrieben häufig sachkundiger sind und ein höheres Maß an Tierwohl erzielen können. Es lassen sich insbesondere drei große Gruppen von Betriebstypen unterscheiden: Milchviehhaltung, Mastrinderhaltung und Mutterkuhhaltung.

Rechtsgrundlagen

Lediglich für die Kälberhaltung hat der Gesetzgeber mit dem Abschnitt 2 der TierSchNutztV konkrete Vorgaben gemacht, womit die Bestimmungen der EU-Kälberhaltungsrichtlinie in nationales Recht umgesetzt wurden. Für alle Rinderhaltungen gelten im Übrigen die §§ 1 und 2 TierSchG sowie die §§ 3 und 4 TierSchNutztV. Darüber hinaus ziehen die Tierschutzbehörden verschiedene Leitlinien der TVT oder die Niedersächsischen Leitlinien zur Mastrinderhaltung bzw. zur Milchviehhaltung als Auslegungshilfen für die allgemeinen Anforderungen heran. Des Weiteren existieren veraltete Europaratsempfehlungen für die Rinderhaltung aus dem Jahr 1988.

Kälberhaltung

Kälber sind Hausrinder mit einem Alter von bis zu sechs Monaten. Die Haltungseinrichtungen für Kälber müssen so beschaffen sein, dass die Tiere nicht mehr als unvermeidbar mit Kot und Harn in Berührung kommen. Außerdem muss ihnen ständig ein trockener Liegeplatz zur Verfügung stehen. Die Nutzung von Maulkörben ist verboten, ebenso die Anbindehaltung. Eine Ausnahme dafür besteht bei der Haltung in Gruppen während der Fütterung. Die Anbindung darf dabei nicht länger als eine Stunde dauern.

Die Ställe müssen so ausgestattet sein, dass die Kälber ungehindert liegen, aufstehen, sich hinlegen, eine natürliche Körperhaltung einnehmen, sich putzen und ungehindert Futter und Wasser aufnehmen können. Die Böden müssen im gesamten Aufenthaltsbereich der Tiere rutschfest und trittsicher sein. Sofern die Böden Spalten oder sonstige Öffnungen aufweisen, dürfen diese keine Verletzungsgefahr für Klauen und Gelenke darstellen. Bei Spaltenböden darf die Spaltenweite höchstens 2,5 cm betragen. Eine Wärmeableitung durch den Boden darf nicht stattfinden. Das bedeutet, dass keine blanken Betonböden verwendet werden dürfen. Die Lichtintensität muss im gesamten Aufent-

Tab. 1 Zur Veranschaulichung von Lichtintensitäten

Büro- oder Zimmerbeleuchtung	500 Lux
Flurbeleuchtung	100 Lux
Parkhaus	75 Lux
Nächtliche Straßenbeleuchtung	10 Lux
Kerze im Dunkeln ca. 1 Meter entfernt	1 Lux

Tab. 2 Grenzwerte zum Stallklima bei der Kälberhaltung

Gas	Grenzwert [ppm]
Ammoniak	20
Kohlendioxid	3000
Schwefelwasserstoff	5
Temperatur Liegebereich	**°C**
maximal	25
erste 10 Lebenstage	nicht unter 10
danach	nicht unter 5
Relative Luftfeuchtigkeit	**60–80 %**

haltsbereich der Kälber für mindestens 10 h täglich mindestens 80 Lux betragen (vgl. Tab. 1). Außerdem dürfen bestimmte Werte beim Stallklima nicht über- bzw. unterschritten werden (Tab. 2).

Von Bedeutung ist außerdem, dass die Seitenwände von Kälberboxen durchbrochen sein müssen, damit die Kälber Sicht- und Berührungskontakt mit Artgenossen aufnehmen können. Das Flächenangebot bei Einzelhaltung richtet sich nach dem Alter der Kälber und darf nachfolgende Werte nicht unterschreiten (Tab. 3 und 4).

Weitere Vorschriften beziehen sich beispielsweise auf die Fütterung, Überwachung und Pflege der Kälber. So muss die verantwortliche Person mindestens zweimal täglich das Befinden der Tiere überprüfen und die Tiere tränken. Weil das natürliche Saugbedürfnis der Kälber bei Verwendung der künstlichen Tränke i. d. R. nicht ausreichend befriedigt werden kann, kommt es fast zwangsläufig zur Verhaltensstörung des gegenseitigen Besaugens. Ab dem achten Lebenstag muss den Kälbern Raufutter sowie ab dem Alter von zwei Wochen auch Wasser jederzeit zur freien Aufnahme zur Verfügung stehen.

Tab. 3 Größenangaben für Kälberboxen

Alter	Boxenlänge [cm]	Boxenbreite [cm]	Boxenhöhe [cm]
Kälber bis 2 Wochen (Stroheinstreu vorgeschrieben)	120	80	80
Kälber im Alter von 2–8 Wochen			
bei innenliegendem Trog	180	100 bzw. 90	
bei außenliegendem Trog	160	100 bzw. 90	
Gruppenhaltung nur, wenn bei rationierter Fütterung alle Kälber der Gruppe gleichzeitig Futter aufnehmen können			
Kälber ab 8 Wochen	grundsätzlich Haltung in Gruppen, Ausnahmen sind möglich		
bei innenliegendem Trog	200	120 bzw. 100	
bei außenliegendem Trog	180	120 bzw. 100	

Tab. 4 Platzbedarf bei der Kälberhaltung in Gruppen	
Lebendgewicht [kg]	Bodenfläche pro Tier [m^2]
bis 150	1,5
150–220	1,7
über 220	1,8
Gruppe bis 3 Tiere	**Buchtengröße [m^2]**
2–8 Wochen	4,5
über 8 Wochen	6

Managementbedingte Eingriffe bei Kälbern

Das Enthornen zählt heute zu den routinemäßig durchgeführten Eingriffen an Kälbern, stellt aber dennoch ein tierschutzrelevantes Problem dar. Der Eingriff wird aus Gründen des Arbeitsschutzes einerseits, aus Gründen des geringeren Stallflächenbedarfs pro Tier andererseits durchgeführt. Obwohl nach § 5 Abs. 3 Nr. 2 TierSchG (Kapitel 1.3) für das Enthornen von unter sechs Wochen alten Rindern keine Betäubung vorgeschrieben ist, stellt das Veröden der Hornknospen einen schwerwiegenden und schmerzhaften Eingriff dar. Zudem darf der Eingriff nur unter der Maßgabe des § 6 Abs. 1 Nr. 3 TierSchG durchgeführt werden, wonach er im Einzelfall für die vorgesehene Nutzung des Tieres, zu dessen Schutz oder zum Schutz anderer Tiere unerlässlich ist. Nach der guten fachlichen Praxis müssen beim Enthornen mindestens eine Sedierung und postoperative Schmerzlinderung stattfinden.

Mastrinderhaltung

Da es für die Haltung von Mastrindern ab einem Alter von sechs Monaten keine speziellen rechtlichen Vorgaben gibt, gelten lediglich die o. g. allgemeinen Anforderungen aus TierSchG, TierSchNutztV und Europaratsempfehlungen. Zudem können das Merkblatt der TVT zum Thema Mastrinderhaltung sowie die Niedersächsischen Leitlinien zur Mastrinderhaltung zur Beurteilung herangezogen werden.

Die gängigsten Haltungssysteme bei der Rindermast sind die Stall- und die Weidehaltung. Die Stallhaltung lässt sich weiterhin unterteilen in Ställe mit oder ohne Einstreu in den Gruppenbuchten, den Liegeboxenlaufstall und die Anbindehaltung. Auf die Weidehaltung von Mastrindern wird im Abschnitt Mutterkuhhaltung eingegangen.

Die Böden im Bereich von Verkehrsflächen müssen so beschaffen sein, dass von ihnen keine Verletzungsgefahr für die Tiere ausgeht. Sie müssen in sich eben, rutschfest und trittsicher sein sowie sauber gehalten werden. Bei Spaltenböden für Masttiere sollten die Balkenauftrittsbreiten 8–13 cm, die Spaltenweiten maximal 3,5 cm betragen. Die Liegefläche muss zudem so dimensioniert sein, dass alle Tiere gleichzeitig ungehindert ruhen können. Sie muss rutschfest und trittsicher sein und den Tieren ein verhaltensgerechtes Abliegen und Aufstehen ermöglichen.

Das nach wie vor gängigste Haltungssystem für männliche Mastrinder ist die Einflächenbucht mit Betonvollspaltenböden. Wissenschaftliche Untersuchungen haben jedoch ergeben, dass dieses Haltungssystem atypische Abliege- und Aufstehvorgänge sowie Abweichungen im Liegeverhalten begünstigt. Außerdem kann ein solcher Boden vermehrt zu Schäden insbesondere im Bereich der Vorderfußwurzelgelenke und der Schwanzspitzen führen. Niedersachsen verbietet deshalb ab 2030 die Haltung auf blanken Vollspaltenböden. Die Niedersächsischen Leitlinien verlangen außerdem, dass in Neu- und möglichst auch bei Umbauten die Liegeflächen ähnlich wie bei den Kälbern weichelastisch, verformbar und wärmeisolierend sind. Sofern der Boden aus Beton bzw. Gussasphalt besteht, muss die Liegefläche dazu entweder eingestreut oder mit einer Auflage (zum Beispiel Gummimatte) versehen werden.

Platzbedarf bei der Rindermast
Der Platzbedarf für die Haltung von Mastrindern (Tab. 5) ist anders als bei Kälbern nicht eindeutig geregelt. In den Empfehlungen des Europarates ist lediglich festgelegt, dass Bullen mit ca. 600 kg Gewicht nicht weniger als 3 m² Bodenfläche zur Verfügung stehen darf.

Nach den Niedersächsischen Leitlinien muss in Neu- oder Umbauten von Gebäuden oder Gebäudeteilen, die bisher nicht für die Rinderhaltung genutzt wurden, Mastrindern in der Endmast (≥ 650 kg LG) ein Gesamtplatzangebot von mindestens 3,5 m² pro Tier zur Verfügung stehen. Davon müssen mindestens 2,5 m² als weichelastische und verformbare Liegefläche ausgestaltet

Tab. 5 Richtwerte für den Platzbedarf bei der Rindermast nach TVT

Lebendmasse [kg]	Mindestbodenfläche pro Tier [m²]	
	Boden vollperforiert	Liegefläche eingestreut
200–300	2,0	2,0
300–400	2,3	2,5
> 400	2,5	3,0
500	3	
600	3,5	

sein, sodass darauf alle Tiere einer Bucht gleichzeitig ungestört ruhen können. Da in Einflächenbuchten keine Trennung von Ruhe- und Aktivitätsbereich besteht, ist die gesamte Bodenfläche beispielsweise mit einer entsprechenden Gummiauflage auszustatten. Aus tierschutzfachlicher Sicht ist die Zweiflächenbucht mit unterschiedlicher Bodengestaltung im Liege- und Aktivitätsbereich zu bevorzugen. Die Gummiauflage im Liegebereich darf perforiert sein, wenn liegende Rinder nicht unmittelbar mit der Unterkonstruktion, also den Betonspalten, in Berührung kommen. Die Schlitzweite der Gummiauflage darf deshalb maximal 3,5 cm betragen.

Alternative Stallvarianten bei der Rindermast

Ein Plus an Tiergerechtheit bei der Rindermast bieten Laufställe mit Einstreu, da den Tieren so eine weiche, verformbare und wärmegedämmte Liegefläche zur Verfügung steht. Trittverletzungen – insbesondere an der Schwanzspitze – treten seltener auf. Man unterscheidet Tretmist- und Tiefstreuställe (Abb. 2).

Sowohl in Tretmist- als auch in Tiefstreuställen können Probleme mit der Sauberkeit der Tiere auftreten – insbesondere bei hoher Besatzdichte und zu geringem Stroheinsatz. Automatische Einstreusysteme erleichtern die Arbeit. Bei beiden Haltungssystemen muss wegen der hohen Emissionen von Ammoniak für eine gute Lüftung gesorgt werden. Geschlossene Ställe mit geringem Luftraum sind für die Rindermast auf Tiefstreu oder als Tretmiststall ungeeignet. Offenfrontställe können dagegen, wegen guter Lüftung, als Tretmist- bzw. Tiefstreuställe betrieben werden.

Abb. 2
Zweiraum-
tiefstreu-
stall für
Mast-
rinder.

Auch Liegeboxenlaufställe finden in der Haltung von Mastrindern Verwendung. Für jedes Tier muss eine ausreichend große, aber auch nicht zu breite Liegebox zur Verfügung stehen (Tab. 6). Seiten- und Nackenriegel dürfen das natürliche Aufsteh- und Abliegeverhalten der Tiere nicht behindern. Leichtes Einstreuen verbessert die Trittsicherheit, aber auch die Sauberkeit der Tiere.

Tab. 6 Liegeboxenmaße für die Rindermast nach TVT

Lebendmasse [kg]	<200	>200	>300	>400	>500
Länge der Liegefläche [cm]	120	140	150	185	185
Boxenlänge [cm]	160	190	210	240	260
Boxenbreite [cm]	70	80	90	100	110
Nackenrohr – Distanz zum hinteren Boxenende [cm]	115	130	140	165	175
Nackenrohr – Höhe über der Liegefläche [cm]	85	90	95	100	105

Anbindehaltung in der Rindermast

Auch die Anbindehaltung von Mastrindern ist immer noch zulässig, obwohl sie aus tierschutzfachlicher Sicht überholt ist. Grundsätzlich wird zwischen Kurz-, Mittellang- und Langständen unterschieden. Entscheidend für die Beurteilung ist jedoch nicht nur die reine Standlänge, sondern der Verbund aus Futtertrog,

Anbindesystem, Liegefläche und Mistgang bzw. -kanal. Als Anbindung kommen neben Ketten auch spezielle Systeme wie Spreizkettenanbindung, Grabner-Anbindung, Gelenkhalsrahmen oder Nackenrohranbindung zur Anwendung. Starre Halsrahmen und Federstahlhalsrahmen schränken das artgemäße Abliegen und Aufstehen in hohem Maße ein und sind als nicht tiergerecht anzusehen. Wichtig ist jedoch in jedem Fall, dass die Anbindung regelmäßig, mindestens wöchentlich überprüft und dem Wachstum der Tiere angepasst wird.

Die Anbindehaltung erschwert insbesondere das artgemäße Aufstehen und Abliegen, weil der Kopf- und Köperschwung behindert wird. Im schlimmsten Fall entwickeln die Rinder sogar atypisches, sog. pferdeartiges Aufstehen.

Die Anbindehaltung führt in mehreren Funktionskreisen des Tierverhaltens zu deutlichen Einschränkungen. Betroffen sind insbesondere das Komfortverhalten (Körperpflege), das Sozialverhalten (direkter Kontakt nur zu Nachbartieren), das Erkundungs- und Meideverhalten (mangelnde Bewegungsfreiheit), das Bewegungsverhalten und das Futteraufnahmeverhalten.

Milchviehhaltung

Auch für die Haltung von Milchrindern gibt es erstaunlicherweise keine speziellen rechtlichen Regelungen. Wie bei der Mastrinderhaltung kann man auch hier auf Arbeiten der TVT und Leitlinien zur Milchviehhaltung aus Niedersachsen zurückgreifen. Beide Texte sind jedoch bereits etwas in die Jahre gekommen.

Verbreitet als Haltungssysteme sind überwiegend Laufställe unterschiedlicher Ausführung, aber vor allem in Süddeutschland auch immer noch die Anbindehaltung. Die Ablehnung letztgenannter Haltungsform war bereits im vorherigen Abschnitt begründet worden. Daher soll sich die weitere Beschreibung mit der häufigsten Stallhaltungsform, dem Boxenlaufstall, beschäftigen.

Die Laufgänge müssen trittsicher und rutschfest ausgeführt sein. Im Laufe der Jahre kann es notwendig werden, die Flächen aufzurauen. Kot und Harn müssen regelmäßig entfernt werden. Die planbefestigten Flächen sollten zudem ein leichtes Gefälle aufweisen. Spaltenböden in den Laufgängen sind nicht zu empfehlen. Falls sie jedoch Verwendung finden, so ist auf eine maximale Spaltenbreite von 35 mm zu achten. Laufgänge müssen ausreichend breit sein: 2,5 m zwischen Liegeboxenreihen und 3,5 m hinter dem Futtertisch sind als Minimum zu betrachten; 3,0 m bzw. 4,0 m wären empfehlenswert. Sackgassen sind unbedingt zu vermeiden. Das Tier-Fressplatz-Verhältnis muss mindestens 1:1 betragen. Es wird empfohlen, einige zusätzliche Fressplätze vorzusehen, damit auch rangniedere Tiere ungestört Nahrung aufnehmen können. Die Fressplatzbreite sollte 1,3 × Schulterbreite – bei den gängigen Milchkuhrassen mindestens 75 cm – nicht unterschreiten, ausschlaggebend sind dabei die größten Tiere der Herde.

Den Liegeboxen kommt eine besondere Bedeutung zu, da Kühe über die Hälfte des Tages mit Liegen und Wiederkauen verbringen. Für jede Kuh muss eine eigene Box vorgesehen sein; eine geringe Überzahl sollte eingeplant werden, da ranghohe Tiere auch Nachbarboxen für sich in Anspruch nehmen. Da das Herdentier Rind gerne gleichzeitig ruht, führt eine Unterzahl an Liegeplätzen dazu, dass rangniedere Tiere an ungeeigneten Orten abliegen (zum Beispiel in den Laufgängen). Die Auswirkungen sind neben nicht ausreichendem Tierwohl auch gesundheitliche Probleme in Bezug auf Eutergesundheit, Technopathien und Verletzungen. Die Liegefläche muss weich, verformbar und wärmedämmend sein. Als Unterlage eignen sich Stroh, Stroh-Mist-Matratzen oder Gummimatten.

Die Boxengröße muss sich an der gehaltenen Rinderrasse und deren unterschiedlichen Körpermaßen orientieren. Für die Berechnung ist auch hier stets das größte Tier der Herde heranzuziehen. Da sich der Trend zu immer größeren Tieren ungebrochen fortsetzt, sollte ein Puffer für künftige Kuhgenerationen eingerechnet werden. Zur Berechnung der Boxengröße kann man als Werte die schräge Rumpflänge sRL (Abstand zwischen Buggelenk und Sitzbeinhöcker) sowie die Widerristhöhe heranziehen. Die Liegelänge sollte dabei 1,11 × sRL plus 20 cm betragen. Bei Tiefboxen sind zusätzlich 10 cm für die Kotschwelle zu addieren. Der Kopfraum muss bei gegenständigen Boxen mindestens 60 cm, bei wandständigen mindestens 80 cm messen. Die Liegebreite sollte 0,85 × Widerristhöhe plus 5 cm betragen. Damit ergeben sich für großrahmige Tiere die in Tabelle 7 dargestellten Werte.

Trennbügel, Bugschwellen und Nackenriegel unterstützen die Tiere beim Abliegen. Trennbügel müssen bei einem Bodenabstand von 60–80 cm hinten freitragend sein, um Verletzungen

Tab. 7 Liegeboxenabmessungen für die Milchrinderhaltung

	Boxenlänge [cm]	Boxenbreite [cm]
Gegenständige Boxen	240–270	120–140
Wandständige Boxen	260–280	120–140

zu vermeiden. Seitenschwellen von geringer Höhe (max. 6 cm) wirken dem Ausrutschen und Querliegen der Tiere entgegen. Bugschwellen verhindern, dass liegende Tiere mit dem Rumpf in den Kopfraum gelangen. Sie sollten abgerundet und nicht höher als 10 cm sein. Nackenriegel sollten elastisch befestigt sein. Herdenspezifisch sollte der Abstand des Nackenriegels von der hinteren Boxenkante 150–170 cm bei einer Höhe von 100–120 cm betragen.

Weitere Stalleinrichtungen bei der Milchrinderhaltung
Eine ausreichend dimensionierte Abkalbe- sowie Krankenbucht sollte vorhanden sein. Eine Nutzung derselben Bucht für beide Zwecke scheidet aus hygienischen Gründen aus. Als Boxengröße sollten mindestens 12 m² vorgesehen werden. Eine besonders gute Beleuchtung sowie fließend warmes und kaltes Wasser sind notwendig. Die Buchten sollten tief mit Stroh eingestreut sein.

Eine deutliche Verbesserung im Bereich des Tierwohles bei Stallhaltungssystemen aller Arten ist bereits durch einfache Maßnahmen zu erreichen. Eine oder mehrere Bürsten werden von den Tieren sehr gern angenommen und tragen erheblich zum Wohlbefinden bei (Abb. 3). Wannentränken statt Schalentränken kommen dem natürlichen Verhalten der Tiere entgegen. Dabei sollte mindestens eine Trogtränke für 20 Tiere eingeplant werden. Außerdem lässt sich an fast jedem Standort selbst nachträglich ein Laufhof realisieren.

Mutterkuh- und sonstige extensive Rinderhaltung auf der Weide
Die Mutterkuhhaltung ist in der Regel eine extensive und naturnahe Haltungsform, die den natürlichen Bedürfnissen der Tiere nach Bewegung und Sozialverhalten sehr entgegenkommt. Zum Einsatz kommen dabei alle Rinderrassen, bevorzugt aber sog. Robustrassen wie Galloways, Schottische Hochlandrinder oder Angus. Aber auch herkömmliche Zweinutzungsrassen wie Fleckvieh

Abb. 3
Bulle an
Bürste.

oder Braunvieh sind zu finden. Ausgesprochene Milchleistungs-
rassen sind eher nicht geeignet. Der Produktionsschwerpunkt
liegt in der Fleischerzeugung, aber auch in der Landschaftspflege. Die Haltung erfolgt dabei entweder saisonal oder ganzjährig
im Freien. Auch für diese Haltungsform gibt es keine spezifischen
Rechtsvorschriften, es muss daher ebenfalls auf die allgemeinen
tierschutzrechtlichen Vorgaben mit den gängigen Auslegungshilfen verwiesen werden.

Obwohl Rinder witterungstolerant sind, muss dennoch ein
Witterungsschutz vorgesehen werden. Auch natürliche Strukturen können als Witterungsschutz dienen, besser sind allerdings
künstliche Einrichtungen wie überdachte, mindestens zweiseitig
umschlossene Bauten. Unumgänglich ist ein Schutz bei länger
anhaltender nasskalter, windiger Witterung.

Als Liegeflächenbedarf auf der Weide können nach TVT folgende Werte herangezogen werden (Tab. 8). Für Kälber sollten
ab einem Alter von zwei Monaten zusätzlich 2 m^2 eingeplant werden, davor 1 m^2.

Witterungsschutz ist jedoch nicht nur gegen Kälte bzw. Nässe,
sondern insbesondere auch gegen hohe Temperaturen nötig.
Rinder leiden erheblich unter Hitze bzw. starker Sonneneinstrahlung. Ein schattiger Platz, im günstigen Fall mit Luftbewe-
gung, wird von den Tieren gern angenommen. Das bedeutet
im Umkehrschluss aber auch, dass nicht jede Weide zu jedem
Zeitpunkt geeignet ist. Sollte den Bedürfnissen der Tiere und der

Gewicht [kg]	Liegefläche [m²]	
	hornlos	behornt
< 500	4	6
600	5	7
> 700	6	8

Tab. 8 Liegeflächenbedarf bei der Weidehaltung von Rindern

Verpflichtung, ausreichenden Witterungsschutz zu bieten, nicht nachgekommen werden können, so müssen die Tiere umgetrieben werden.

Wasser muss den Tieren ständig, also auch im Winter, in ausreichender Menge und Qualität zur Verfügung stehen (Abb. 4).

Eine Fangeinrichtung auf der Weide, an die die Tiere gewöhnt sind, muss zwingend eingerichtet werden. Auch muss ständig der Kontakt zum Menschen geübt werden. Ansonsten sind notwendige Behandlungen – bei Verletzungen, bei der Klauenpflege oder bei Probennahmen – nicht zu bewerkstelligen und stellen für Tiere wie Tierhalter erhebliche Belastungen dar.

Abb. 4
Wannentränke Rind.

Ausblick

Die häufigsten Abgangsursachen in Milchviehbeständen liegen bei Problemen im Bewegungsapparat, mit der Eutergesundheit sowie im Reproduktionssystem. Dies führt im Ergebnis dazu, dass die mittlere Lebensdauer von Kühen bei ca. 5 Jahren, also etwas über zwei Laktationen liegt, obwohl sie 15–20 Jahre alt werden können. Grund dafür ist die Fixierung der Tierzuchtwerte auf Höchstleistungen statt auf Fitness bei zugegebenermaßen dann etwas geringeren Leistungswerten. Diese könnten aber durch eine deutlich höhere Nutzungsdauer mehr als ausgeglichen werden. Auch wenn in jüngster Zeit der „Fitnesswert" durchaus in die Zuchtwertschätzung aufgenommen wurde, so ist seine Gewichtung nach wie vor zu gering.

Ein weiteres tierschutzfachlich hochrelevantes Thema ist zudem die Anbindehaltung. Nicht nur aus ethischen, sondern auch aus naturwissenschaftlichen Gründen ist die Anbindehaltung keine tiergerechte Haltungsform und ein Verbot mit angemessenen Übergangsfristen überfällig.

Für alle Formen der Rinderhaltung gilt zudem, dass man durch Eigenkontrollen (Kapitel 1.3) Defizite und Verschlechterungen bei der Haltung der Tiere aufdecken und in Folge dessen notwendige Gegenmaßnahmen frühzeitig einleiten kann.

2.2   Schweine

Schweine in landwirtschaftlichen Betrieben sind die domestizierte Form des Wildschweines. Sie werden nahezu ausschließlich in hochtechnisierten Betrieben auf Spaltenboden gehalten. Fütterung, Entmistung und Belüftung der Ställe erfolgen in der Regel automatisch. Bei durchschnittlich 2,3 Würfen pro Jahr hat eine Sau in intensiv bewirtschafteten Betrieben ca. 30 Ferkel jährlich aufzuziehen.

In rund 40 000 deutschen Betrieben wurden im Jahr 2018 rund 26,4 Millionen Schweine gehalten. Der Selbstversorgungsgrad mit Schweinefleisch liegt in Deutschland bei ca. 120 %. Jährlich werden hierzulande ungefähr 59 Millionen Schweine geschlachtet, Deutschland ist damit der drittgrößte Produzent von Schweinefleisch weltweit und der größte Erzeuger in der EU. Diese Zahlen unterstreichen die Bedeutung der heimischen Schweinehaltungen. Die überwiegende Zahl der Schweine wird in hochspezialisierten und aus seuchenhygienischen Gründen nicht einsehbaren Betrieben gehalten. Umso wichtiger ist es, rechtliche Mindeststandards durchzusetzen, die es den Tieren ermöglichen, ihre arteigenen Bedürfnisse zumindest in rudimentärer Form auszuleben.

Rechtsgrundlagen

In den vergangenen Jahren hat die TierSchNutztV bezüglich der Schweinehaltung einige Änderungen zum Vorteil der Tiere erfahren und dabei auch einige neuere Inhalte der EU-Schweinehaltungsrichtlinie umgesetzt. 2013 traten spürbare Verbesserungen in Kraft, zum Beispiel bei der Haltung der Sauen außerhalb der Säuge- und Deckzeit; sie müssen seither in Gruppen gehalten werden. Auch in Bezug auf Beschäftigungs- und Nestbaumaterial gab es Neuerungen: Beschäftigungsmaterial ist Pflicht für Schweine jeden Alters, zusätzlich wird Nestbaumaterial für Sauen kurz vor dem Ferkeln gefordert. Die Verordnung enthält ein eigenes Kapitel für die unterschiedlichen Alters- und Nutzungsklassen.

Allgemeine Anforderungen an die Haltung von Schweinen

Abschnitt 5 der TierSchNutztV formuliert zunächst die allgemeinen Anforderungen an die Haltungseinrichtungen von Schweinen, also die Ställe. Haltungseinrichtungen müssen so beschaffen sein, dass

- Schweine Sichtkontakt untereinander haben,
- Schweine gleichzeitig ungehindert liegen, aufstehen, sich hinlegen und eine natürliche Körperhaltung einnehmen können,
- Schweine nicht mehr als unvermeidbar mit Kot und Harn in Berührung kommen und einen weichen Liegebereich haben,
- eine geeignete Vorrichtung zur Minderung der Wärmebelastung vorhanden ist,
- der Boden rutschfest, trittsicher und der Größe und dem Gewicht der Tiere angepasst ist,
- die Böden verletzungssicher sind.

Schweine sind neugierige Tiere, in freier Natur suchen sie ihre Nahrung in der Erde. In den meist mit Betonspaltenböden ausgestatteten Schweinezucht- und Mastbetrieben können sie dieses Verlangen nicht ausleben.

Um das schweinespezifische Bedürfnis zu wühlen und zu erkunden ersatzweise annähernd zu befriedigen, muss den Schwei-

Abb. 5
Mast-
schweine
in Gruppen-
haltung
auf Stroh.

nen jeder Altersklasse geeignetes Beschäftigungsmaterial zur Verfügung gestellt werden. Leider ist das Fehlen von Beschäftigungsmaterial der wohl am häufigsten festgestellte Mangel im Rahmen
der behördlichen Überwachung. Die Bereitstellung des Materials
ist für den Tierhalter zeitaufwendig und auch häufig im Hinblick
auf die Entmistungssysteme problematisch. In den Sommer-
monaten fördern Stroh-/Mistablagerungen in den schlecht zugänglichen Bereichen der Buchten außerdem den Fliegenbefall.
Dennoch zeigt die Intensität der Nutzung durch die Schweine,
wie wichtig das Beschäftigungsmaterial für die Tiere in den ansonsten reizarmen Ställen ist. Metallketten und Teile aus Kunst-
stoff sind unzulässig und können durch Absplitterung und durch
die mögliche Aufnahme durch das Schwein gesundheitsschädlich
sein. Das Beschäftigungsmaterial muss also gesundheitlich unbe-
denklich in ausreichender Menge vorhanden sein, es muss vom
Schwein untersucht und bewegt werden können, es muss veränderbar sein und dem Erkundungsverhalten dienen.

> **Beschäftigungsmaterial laut Richtlinie 2008/120/EG**
>
> **Geeignetes Beschäftigungsmaterial** sind bei Saugferkeln unbehandelte Hanfseile,
> bei allen anderen Nutzungsgruppen außerdem Stroh, Heu, (Weich-)Holz, Säge-
> mehl, Pilzkompost oder eine Mischung dieser Materialien.
> **Geeignetes Nestbaumaterial** ist insbesondere Stroh, das vom Muttertier aufge-
> nommen und wieder abgelegt werden kann.

Tab. 9 Spaltenweiten Böden Schweinehaltung

Nutzungsart	Spaltenweite [mm]
Saugferkel	11
Absatzferkel	14
Zuchtläufer und Mastschweine	18
Jungsauen, Sauen, Eber	20

Tab. 10 Grenzwerte Schadgase

Gas	Grenzwert [ppm]
Ammoniak	20
Kohlendioxid	3000
Schwefelwasserstoff	5

Die TierSchNutztV führt in § 22 Detailregelungen zum Perforationsgrad (15 %) und zu den Spaltenbreiten bei der Ausführung der Liegeflächen auf (Tab. 9).

Bezüglich der Wasserversorgung ist festzuhalten, dass Schweinen jederzeit Wasser in ausreichender Menge und Qualität angeboten werden muss. Bei Schweinen in Gruppenhaltung muss dies räumlich getrennt von der Futterstelle erfolgen.

Vom eingesetzten Personal wird erwartet, dass es im Hinblick auf Fütterung und Pflege sachkundig ist, hier also Grundkenntnisse zur Biologie und zum Verhalten der Tiere vorhanden sind. Außerdem sollten dem Personal tierschutzrechtliche Vorschriften geläufig sein.

§ 26 enthält Regelungen zur Beleuchtung und zu Grenzwerten bei Schadgasen je m^3 Luft (Tab. 10) sowie zur Lärmbelastung [85 db (A)].

Spezielle Anforderungen bei Muttersauen

Haltungseinrichtungen für diese Tierkategorie müssen – wie auch bei den anderen Nutzungsarten – Mindestanforderungen bzgl. der Grundflächen erfüllen (Tab. 11).

Tab. 11 Flächenbedarf Jungsauen und Sauen

	Fläche [m²]		
	bis 5 Tiere	6–39 Tiere	>40 Tiere
je Jungsau	1,85	1,65	1,5
je Sau	2,5	2,25	2,05

Dabei müssen pro Jungsau 0,95 m² bzw. pro Sau 1,3 m² als Liegebereich zur Verfügung stehen. Jede Seite einer Sauenbucht muss mindestens 2,8 m, bei Gruppen von weniger als sechs Schweinen mindestens 2,4 m messen. Bei der Einzelhaltung von Sauen – also zum Beispiel im Abferkelbereich oder im Deckzentrum – dürfen nur Teilbereiche des Bodens perforiert sein und nicht der gesamte Liege- bzw. Aufenthaltsbereich. Üblicherweise sind der Bereich vorne am Trog und der hintere Bereich des Kastenstandes perforiert.

§ 24 Abs. 4 TierSchNutztV

Kastenstände müssen so beschaffen sein, dass

1. die Schweine sich nicht verletzen können und
2. jedes Schwein ungehindert aufstehen, sich hinlegen, sowie den Kopf und in Seitenlage die Gliedmaßen ausstrecken kann.

Das Thema Kastenstand hat in den vergangenen Jahren neben der Ferkelkastration und dem Schwanzbeißen für hitzige Diskussionen bei Schweinehaltern, Behörden und in der Politik gesorgt. Darauf wird im letzten Abschnitt dieses Kapitels ausführlich eingegangen.

Um gegebenenfalls Geburtshilfe leisten zu können, zumindest aber um ein ungehindertes Abferkeln zu ermöglichen, ist es wichtig, ausreichend Platz im hinteren Bereich der Abferkelbucht zu haben. Sind sogenannte Fress-Liegebuchten installiert, muss das Schwein selbstständig entscheiden können, wann es diese Buchten aufsuchen und verlassen möchte. Fress-Liegebuchten ermöglichen dem Schwein die ungestörte Futteraufnahme, schützen es dabei vor dominanten Artgenossen, dürfen es aber in seinem

Bewegungsbedürfnis nicht einschränken. Eine Arretierung des Schließmechanismus durch den Tierhalter ist nur kurzzeitig für Maßnahmen wie Impfungen o. Ä. erlaubt. Der Boden darf auch hier nur teilperforiert sein und muss überwiegend den geschlossenen Charakter eines Liegebereiches haben. Als Gangbreiten müssen je nach Anordnung der Fressliegebuchten 160–200 cm eingeplant werden.

Neben den genannten baulichen Anforderungen gibt es weitere Regelungen zu den Haltungsbedingungen für Sauen. Erst seit wenigen Jahren ist gesetzlich geregelt, dass diese in Betrieben ab zehn Sauen im Zeitraum von über vier Wochen nach dem Decken bis eine Woche vor dem errechneten Abferkeltermin in der Gruppe gehalten werden müssen.

Für die Gruppenhaltung regelt § 30 TierSchNutztV im Detail den Perforationsgrad der Liegeflächen analog den Vorgaben für den Kastenstand und die Fress-Liegebucht. Außerdem wird kranken und unverträglichen Sauen so viel Platz zugesprochen, dass sie sich in ihrem Bereich zumindest umdrehen können.

Abschließend regelt dieser § den Rohfasergehalt des Futters für trächtige Sauen, mit dem für die Tiere ein Sättigungsgefühl gesichert werden soll. Ferner fordert er die Bereitstellung von Nestbaumaterial zu Befriedigung der natürlichen Bedürfnisse des Muttertieres. Leider muss hier wie beim Beschäftigungsmaterial festgestellt werden, dass diese Forderung in der Praxis in den ohnehin strukturarmen Haltungssystemen häufig nicht umgesetzt wird.

Spezielle Anforderungen bei Ebern

In den meisten Ferkelerzeugerbetrieben sind Eber vorhanden, obwohl sie nicht zum Deckeinsatz kommen. Sie dienen der Stimulation der Sauen und sie erkennen in der Folge auch deren Rausche. Das Verhalten des Ebers zeigt damit dem Tierhalter den geeigneten Zeitpunkt für die künstliche Besamung an.

Die Buchten der Eber müssen groß genug sein, damit sich die Tiere darin umdrehen und die anderen Schweine sehen, riechen und hören können. Sind Eber älter als 24 Monate, werden 6 m² Mindestgrundfläche gefordert. Deckbuchten für den Natursprung brauchen eine Mindestfläche von 10 m², damit es der Sau möglich ist, dem Eber auszuweichen.

Tab. 12 Mindestflächen Gruppenhaltung Zuchtläufer und Mast-schweine

Durchschnittsgewicht [kg]	Fläche pro Tier [m²]
Über 30–50	0,5
Über 50–110	0,75
Über 110	1,0

Spezielle Anforderungen bei Zuchtläufern und Mastschweinen

Auch in dieser Nutzungsgruppe ist die Gruppenhaltung vorge-schrieben und Standard; die erforderlichen Mindestflächen be-messen sich nach dem Körpergewicht der Tiere (Tab. 12).

Der Perforationsgrad der Liegefläche darf 15 % nicht über-schreiten, die Anzahl der Absatzferkel pro Fressplatz berechnet sich nach dem Fütterungssystem. Es dürfen maximal 12 Schwei-ne pro Selbsttränke gehalten werden.

Spezielle Anforderungen bei Saug- und Absatzferkeln

Ferkel sind beim Abliegen der Sau der Gefahr ausgesetzt, von dieser erdrückt zu werden. Schutz davor können nur entspre-chende Vorrichtungen bieten, die den Saugferkeln einen nur ihnen zugänglichen Bereich schaffen, in dem sie auch ungehin-dert gemeinsam ruhen können. Der Tierhalter ist verpflichtet, in den Abferkelbuchten Schutzvorrichtungen gegen das Erdrücken einzurichten. Aufgrund des hohen Wärmebedarfs der Ferkel ist es wichtig, einen eingestreuten oder wärmegedämmten bzw. be-heizbaren, nicht perforierten Liegebereich zu schaffen.

In den §§ 27 und 28 TierSchNutztV wird klargestellt, dass Saugferkel (mit Ausnahmen) erst in einem Alter von vier Wochen von der Mutter abgesetzt werden dürfen. Außerdem werden die Temperaturvorgaben präzisiert: Bei bis zu zehn Tage alten Ferkeln ist beispielsweise eine Temperatur von 30 °C im Liege-bereich sicherzustellen.

Absatzferkel, also Ferkel ab einem Alter von ca. vier Wochen, die nicht mehr gesäugt und vom Muttertier getrennt werden, müssen in stabilen Gruppen gehalten werden. Umgruppierungen bergen grundsätzlich die Gefahr von Rangordnungskämpfen, die bei Schweinen blutig enden können. Das Mindestgewicht des Einzeltiers bei der Gruppenbildung liegt bei 5 kg und darf um max. 20 % variieren. Die Bodenflächen, die den Tieren zur Verfügung stehen sollen, richten sich nach dem Körpergewicht. >5–10 kg: 0,15 m²; >10–20 kg: 0,2 m²; >20 kg: 0,35 m². Die Anzahl der Absatzferkel pro Fressplatz berechnet sich ebenfalls nach dem Fütterungssystem. Sind Selbsttränken installiert, darf das Verhältnis von 12 Tieren pro Tränke nicht überschritten werden.

Problemlagen und Lösungsansätze

Wohl kaum ein Bereich der landwirtschaftlichen Tierhaltung ist so emotional geführten Diskussionen um tierschutzrechtliche Fragen unterworfen wie die Schweinehaltung. Drei Themenkomplexe stehen dabei im Vordergrund:

- das Verbot der betäubungslosen chirurgischen Kastration männlicher Ferkel,
- die Problematik des Schwänzekürzens bei Ferkeln und
- die Folgen eines Gerichtsurteils zur Haltung von Sauen in Kastenständen.

Ferkelkastration

Bislang erlaubte das Tierschutzgesetz die Kastration männlicher Ferkel ohne Betäubung bis zu deren siebtem Lebenstag. Dies wurde und wird auch heute noch im überwiegenden Teil der Betriebe so praktiziert. Grund hierfür ist der bei manchen Masttieren bei der Schlachtung auftretende Ebergeruch des Fleisches, der von vielen Verbrauchern als unangenehm bis ekelerregend empfunden wird. Die Praxis der betäubungslosen Ferkelkastration wurde in den vergangenen Jahren zunehmend kritischer gesehen. Im Jahr 2013 wurde das TierSchG dahingehend geändert, dass ab dem 1.1.2019 die betäubungslose Kastration nicht mehr zulässig sein sollte. In der Folge wurden die Alternativen zur betäubungslosen Kastration ausführlich diskutiert und das Fristende auf 31.12.2020 verschoben:

- Jungebermast
- Impfung gegen Ebergeruch
- Kastration unter Vollnarkose (Inhalations- oder Injektionsnarkose), wobei die Narkose in diesen Fällen grundsätzlich von einem Tierarzt durchzuführen ist (Kapitel 1.3)
- Kastration mit lokaler Betäubung durch den Tierhalter

Ein inzwischen vorgelegter Verordnungsentwurf des Bundesministeriums favorisiert die Inhalationsnarkose mit Isofluran. Durch die FerkNarkSachkV wird dem Tierhalter eingeräumt, diese Vollnarkose für die Ferkelkastration ohne Tierarzt durchzuführen. Diese Entwicklung wird jedoch aufgrund des zweifelhaften Betäubungserfolges und der Anwender- bzw. Umweltproblematik kritisch gesehen.

Kürzen der Schwänze

Vergleichbar regelmäßig wie die Kastration werden den Ferkeln bis zum vierten Lebenstag betäubungslos die Schwänze gekürzt, um im späteren Verlauf ihres Lebens die Auswirkungen des Schwanzbeißens zu minimieren. Die reizarme Umgebung und die engen Platzverhältnisse in den Schweinehaltungen erzeugen Stress und begünstigen so dieses Phänomen, das auch mit fehlgeleitetem Futtersuchverhalten in Verbindung gebracht wird. Hat eine Gruppe von Schweinen einmal damit begonnen, muss der Tierhalter unverzüglich handeln, die „Täter" aus der Gruppe aussortieren und die verletzten Tiere in Krankenbuchten absondern.

Nach § 6 TierSchG ist diese Amputation zwar erlaubt (Kapitel 1.3), erfordert aber ausdrücklich, dass zuvor andere Maßnahmen eingeleitet werden, um die Amputation zu vermeiden.

> § **Anhang I Kapitel I der Richtlinie 2008/120/EG**
>
> Ein Kupieren der Schwänze oder eine Verkleinerung der Eckzähne dürfen nicht routinemäßig und nur durchgeführt werden, wenn nachgewiesen werden kann, dass Verletzungen am Gesäuge der Sauen oder an den Ohren anderer Schweine entstanden sind. Bevor solche Eingriffe vorgenommen werden, sind andere Maßnahmen zu treffen, um Schwanzbeißen (...) zu vermeiden, (...)

Ein von der EU-Kommission eingeforderter Aktionsplan der Mitgliedstaaten verlangt eine betriebsindividuelle Risikoanalyse durch Bewertung von sechs Schlüsselindikatoren, wie zum Beispiel Beschäftigungsmaterial, Futter oder Stallklima. Die Umsetzung von Maßnahmen muss der Landwirt dokumentieren und in Form einer Tierhaltererklärung bestätigen. Die zuständige Behörde, das Veterinäramt, prüft die Umsetzung vor Ort.

Kastenstandhaltung

Das dritte Problem mit grundsätzlicher Bedeutung ist die Kastenstandhaltung im Deckzentrum, aber auch im Abferkelbereich. Laut Verordnung dürfen Sauen im Zeitraum von über vier Wochen nach dem Decken bis eine Woche vor dem errechneten Geburtstermin nur in Gruppen gehalten werden. Die übrige Zeit sind sie in Kastenständen bzw. den sogenannten Ferkelschutzkörben fixiert, in denen sie sich nicht drehen können und in der Bewegung extrem eingeschränkt sind. Außerdem ist es ihnen nicht möglich, den Liegebereich von dem Bereich zu trennen, in dem sie Kot und Harn absetzen. In einer bemerkenswerten Entscheidung vom November 2015 hat das Oberverwaltungsgericht Magdeburg die bestehende Rechtslage bestätigt und bekräftigt, dass jedes im Kastenstand gehaltene Schwein jederzeit Anspruch darauf hat, sich in einem Kastenstand hinlegen und die Gliedmaßen in beide Richtungen ausstrecken zu können. Da über längere Zeit Kastenstandbreiten von 65–70 cm Breite als ausreichend angesehen wurden, die Tiere aber mittlerweile häufig eine Schulterhöhe von teilweise 90–100 cm haben, kann diese Rechtsvorgabe oft nur erfüllt werden, indem einzelne Kastenstände leer bleiben oder Umbaumaßnahmen umgesetzt werden. Mittlerweile ist eine Änderung der Verordnung geplant, die u. a. eine zeitliche Begrenzung der Fixierung von Sauen auf einige Tage einschließt. Für die Neuregelungen ist eine Übergangsfrist von 15 Jahren vorgesehen.

Ausblick

Schlussendlich muss das System Schweinehaltung mit dem Tier zurecht kommen und nicht umgekehrt. Schweine, die trotz Beschäftigungsmaterial mit dem Kastenstand überfordert sind, dürfen darin nicht gehalten werden. Alternativ zum weit verbreiteten Fixieren der Sauen im Kastenstand bzw. Ferkelschutzkorb beim Abferkeln und während der Säugezeit gibt es die Möglichkeit, die Tiere um die Geburt in Bewegungsbuchten unterzubringen (Abb. 6).

Die Muttertiere haben in diesen Buchten deutlich mehr Platz, können aber in den meisten dieser Haltungssysteme während der Geburt und auch ein paar Tage danach fixiert werden. Dies ist sinnvoll, entstehen doch die meisten Ferkelverluste durch Erdrücken während der Geburt und in den Tagen danach. Außerdem kann die Sau kurzfristig fixiert werden, wenn Maßnahmen an ihr selbst oder bei den Ferkeln erforderlich sind (Impfungen oder

Abb. 6
Bucht für
freie Ab-
ferkelung.

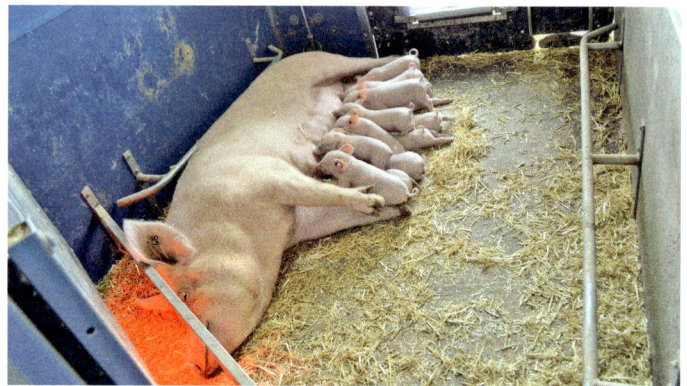

andere Behandlungen). Überdies existieren sog. freie Abferkelbuchten, in denen sich die Sau ständig frei bewegen kann und
die Ferkel gleichzeitig im Ferkelnest und an den Buchtenrändern
durch Abweisbügel vor dem Erdrücken geschützt werden (Abb. 6).

Im Mastbereich haben sich vereinzelt „Pig-Ports" durchgesetzt
(Abb. 7). Die Mastschweine werden in einfachen Holzställen mit
Pultdach gehalten, die Flächen sind größtenteils eingestreut, und
es gibt Ausläufe ins Freie. Die unterschiedlichen Funktionsbe-
reiche bieten Abwechslung bezüglich der Umweltreize und dem
Beschäftigungsmaterial, was sich positiv auf das Problem des
Schwanzbeißens auswirkt.

Abb. 7
Pig-Port.

2.3 Legehühner

Nach Angaben des Statistischen Bundesamtes lebten in Deutschland im Jahr 2017 rund 40,5 Millionen Legehühner. So wurden etwa 26,5 Millionen Legehennen in Bodenhaltung, 6,5 Millionen in Freilandhaltung, 3,2 Millionen in ausgestalteten Käfigen und Kleingruppenhaltung sowie 4,5 Millionen in ökologischer Erzeugung gehalten. Die Gesamtzahl der Legehennen haltenden Betriebe mit mehr als 3000 Hennenhaltungsplätzen belief sich dabei auf rund 1800. Nach dem Schlupf werden die Tiere ca. 20 Wochen in spezialisierten Junghennenaufzuchtbetrieben gehalten und nach einer Nutzungsdauer von 15 bis 18 Monaten geschlachtet. Insgesamt legten diese Tiere im Jahr 2017 rund 12 Milliarden Eier.

Rechtsgrundlagen

Neben dem TierSchG und den allgemeinen Regeln der TierSchNutztV gelten die speziellen Regelungen des Abschnittes 3 dieser Verordnung. Dabei gelten die §§ 13–15 nur für Legehühner, die zu Erwerbszwecken gehalten werden. Die für die spätere Haltung von Legehennen so entscheidend wichtige Junghennenaufzucht ist weiterhin nur in einer freiwilligen Vereinbarung der Geflügelwirtschaft mit dem BMEL festgelegt; diese behandelt insbesondere das Verbot des Schnabelkürzens. Zusätzliche Regelungen, die über die Mindestanforderungen der TierSchNutztV hinausgehen, sind in den Bestimmungen des Marktrechtes (Freilandhaltung) oder des Ökolandbaus (Bioerzeugnisse) zu finden.

Allgemeine Anforderungen an die Haltung von Legehennen

Als Legehennen gelten per Definition legereife Hennen der Art *Gallus gallus*, die zur Erzeugung von Eiern, nicht jedoch für Vermehrungszwecke bestimmt sind. Damit gelten die Bestimmungen der TierSchNutztV weder für die Junghennenaufzucht noch für die Elterntierherden unmittelbar. Allerdings entscheidet die Prägung der Junghühner auf ein bestimmtes Haltungssystem maßgeblich darüber, ob es während der Legeperiode zu tierschutzrelevanten, haltungsbedingten Problemen kommt. § 14 Abs. 1 Nr. 4 der TierSchNutztV fordert deshalb ausdrücklich, dass nur Tiere eingestallt werden dürfen, die während der Aufzucht an das spätere Haltungssystem gewöhnt wurden.

Die Haltungseinrichtungen für Legehennen müssen allen Tieren gestatten, artgemäß Nahrung aufnehmen, trinken, ruhen, staubbaden sowie ein Nest aufsuchen zu können. Gebäude müssen so beleuchtet sein, dass sich die Tiere untereinander erkennen, ebenso muss das Betreuungspersonal die Tiere in Augenschein nehmen können. Gebäude, die nach 2002 in Betrieb genommen wurden, müssen Lichtöffnungen in der Größe von mindestens 3 % der Stallgrundfläche aufweisen. Für ältere Gebäude gilt dies nicht, jedoch muss dann ausreichende künstliche Beleuchtung sichergestellt sein. Die Gebäude müssen weiterhin über eine technisch einwandfreie Belüftungsanlage verfügen. Der Ammoniakgehalt soll 10 ppm nicht übersteigen, 20 ppm dürfen nicht überschritten werden. Der Boden der Haltungseinrichtung muss den Tieren festen Stand bieten. Fütterungseinrichtungen müssen so verteilt und angeordnet sein, dass alle Tiere gleichermaßen Zugang haben. Tränkwasser muss allen Hühnern jederzeit zur Verfügung stehen. Bei Verwendung von Rinnentränken müssen dabei mindestens 2,5 cm Kantenlänge pro Huhn zur Verfügung stehen, bei Rundtränken mindestens 1 cm. Sollen Nippel- oder Bechertränken eingesetzt werden, so müssen für bis zu zehn Hühner zwei, für je zehn weitere Hühner eine zusätzliche Tränke eingerichtet werden.

Jedes Huhn muss während der Eiablage ein eigenes Nest zur Verfügung haben, dessen Boden kein Drahtgitter sein darf.

Der Einstreubereich muss mit geeignetem Material von lockerer Struktur und in ausreichender Menge ausgestattet sein, der es allen Legehennen ermöglicht, ihre artgemäßen Bedürfnisse zu befriedigen, insbesondere Picken, Scharren und Staubbaden (Abb. 8). Die Sitzstangen dürfen nicht über dem Einstreubereich angebracht sein. Zudem müssen sie einen solchen Abstand zueinander und zu den Wänden der Haltungseinrichtung aufweisen, dass auf ihnen ein ungestörtes, gleichzeitiges Ruhen aller Legehennen möglich ist. Die Möglichkeit zum Krallenabrieb muss ebenfalls gegeben sein, sei es durch natürliche oder künstliche Strukturen wie beispielsweise sogenannte Krallenabriebstreifen.

Um ein Verlegen der Eier zu unterbinden, werden immer wieder Stromlitzen bodennah installiert, insbesondere entlang der Außenwände der Stallungen. Dies ist jedoch nach § 13 Abs. 6 der TierSchNutztV ausdrücklich verboten.

Abb. 8
Hühner im
Staubbad.

Besondere Anforderungen an die Haltung von Legehennen

Weitere präzisierende Regelungen werden durch § 13a
TierSchNutztV über die allgemeinen Anforderungen hinaus vorgegeben. Unterschieden werden die klassische Bodenhaltung, die
Bodenhaltung in mehreren Ebenen und beide Formen in Kombination mit einem Zugang zu einem Auslauf ins Freie. Grundsätzlich dürfen bei diesen Haltungen maximal neun Hennen pro
m² nutzbarer Fläche gehalten werden. Sofern die Bodenhaltung
mit mehreren Ebenen betrieben wird, darf eine Besatzdichte von
höchstens 18 Tieren pro m² Grundfläche eingestallt werden. Pro
Haltungseinheit dürfen maximal 6000 Legehennen gehalten werden. Die Trennung mehrerer Einheiten durch zum Beispiel Drahtgitter innerhalb eines Stallgebäudes ist jedoch zulässig. Sofern
zur Fütterung Längströge Verwendung finden, muss die Kantenlänge 10 cm pro Tier betragen, bei Verwendung von Rundtrögen
sind 4 cm pro Tier vorgeschrieben. Die für die Eiablage vorgesehenen Nester müssen als Einzelnest für je 7 Tiere mindestens
35 × 25 cm messen, Gruppennester für bis zu 120 Tiere müssen
mindestens 1 m² groß sein. Die Sitzstangen müssen jedem Tier
mind. 15 cm Platz bieten. Der waagrechte Abstand zwischen den
Stangen muss dabei mind. 30 cm und der Abstand zur Wand
mind. 20 cm betragen.

Mindestens ein Drittel der Stallgrundfläche, aber wenigstens
250 cm² pro Tier müssen eingestreut sein. Dieser Einstreubereich

Abb. 9
Hühner-
mobil mit
vielfältigem
Auslauf
inklusive
Bewuchs.

muss den Hühnern für wenigstens zwei Drittel der Hellphase
uneingeschränkt zur Verfügung stehen. Sofern die Haltungseinrichtungen Zugang zu einem Kaltscharrraum oder Zugang ins
Freie bieten, müssen die Durchlässe mind. 35 cm hoch und 40 cm
breit sein. Die Öffnungen müssen sich dabei gleichmäßig über
die Außenwand verteilen. Auslaufflächen müssen so groß sein,
dass sie von allen Legehennen gleichzeitig und auch gleichmäßig
genutzt werden können. Dort müssen auch Tränkemöglichkei-
ten in ausreichender Menge vorhanden sein. Für die Nutzung
der Auslaufflächen ist der Schutz vor Beutegreifern, wie ihn
§ 3 TierSchNutztV vorschreibt, besonders wichtig. Hierzu kann
natürlicher Bewuchs ebenso dienen wie künstliche Versteckmög-
lichkeiten (Abb. 9).

Junghennenaufzucht

Für die wichtige Aufzucht von Legehennen unterzeichnete die
Geflügelwirtschaft im Jahr 2015 eine freiwillige Vereinbarung zur
Verbesserung des Tierwohls, insbesondere zum Verzicht auf das
Schnabelkürzen in der Haltung von Legehennen und Mastputen.
Die Aufzuchtbedingungen für Junghennen wurden dabei in ei-
nem Anhang festgelegt.

Federpicken und Kannibalismus stellen ein immenses Problem
in der Legehennenhaltung dar. Die Ursachen dafür sind multi-
faktoriell, einer der wichtigsten Einflussparameter ist aber unbe-
stritten der Lichteinfall. Um das Problem abzumildern, wurden in

der Vergangenheit routinemäßig die Schnäbel aller Legehennen meist direkt nach dem Schlupf gekürzt. Dies stellte zwar einen Verstoß gegen das Amputationsverbot dar (Kapitel 1.3); das Kürzen der Schnäbel wurde jedoch nach § 6 Abs. 3 TierSchG erlaubt, sofern der Antragsteller die Unerlässlichkeit des Eingriffs glaubhaft gegenüber der zuständigen Behörde darlegte. Dies konnte durch eine tierärztliche Bescheinigung erfolgen, aus der hervorgeht, welche Maßnahmen der künftige Tierhalter anwendet, um die bekannten Ursachen von Federpicken und Kannibalismus in der Tierhaltung weitestgehend auszuschließen.

Der wesentliche Inhalt der freiwilligen Vereinbarung besteht darin, auf das Einstallen schnabelgekürzter Junghennen ab dem 1. Januar 2017 zu verzichten. Dies bedeutete auch den Verzicht auf das Schnabelkürzen bei den Küken ab dem 1. August 2016.

Folgende Empfehlungen für die Junghennenaufzucht wurden in der Vereinbarung aufgeführt, um spätere Probleme während der Legephase möglichst auszuschließen oder wenigstens abzumildern:

Die Besatzdichte darf 18 Tiere pro m² Nutzfläche nicht übersteigen – es sei denn, dass die nutzbare Fläche sich auf mehrere Ebenen verteilt. In diesem Fall sind bis zu 36 Tiere pro m² akzeptabel. Die Junghennen sollten sich bereits während der Aufzuchtphase an die spätere Gruppengröße adaptieren können.

Der Besatz eines Stallabteiles mit Tieren aus unterschiedlichen Herkunftsherden verbietet sich sowohl aus Gründen der Tiergesundheit als auch aus Gründen des Tierschutzes von selbst. Anderenfalls sind Auseinandersetzungen um die Rangordnung und damit das Entstehen von übermäßiger Aggression und Verletzungen bereits zu Beginn der Haltung vorprogrammiert.

Allen Tieren muss jederzeit Zugang zu Futter und Wasser in einwandfreier Qualität zur Verfügung stehen. Dabei sollte der Rohfaseranteil in der Junghennenration 5–6 % betragen. Pelletfütterung ist zu vermeiden, besser sollte Mehlfutter oder krümeliges Futter angeboten werden. Spätestens ab der 10. Lebenswoche sollten regelmäßige Getreidekörnergaben in die Einstreu erfolgen und es sollte Raufutter angeboten werden. Dies fördert die Beschäftigung der Tiere, und ein gegenseitiges Bepicken aus Langeweile ist weniger interessant. In dieser Hinsicht eignet sich auch zusätzlich zur Einstreu eingebrachtes manipulierbares und veränderbares Beschäftigungsmaterial, wie zum Beispiel Heu in

Raufen, Strohballen, Pickblöcke, Luzerneballen. Diese müssen regelmäßig erneuert bzw. gewechselt werden.

Ein zusätzliches Angebot an unlöslichem Grit und ein Sandbadebereich sind ebenfalls von Vorteil. Auch Einstreu sollte möglichst ab der Einstallung, jedoch spätestens ab dem 35. Lebenstag angeboten werden. Diese muss trocken, locker und so beschaffen sein, dass alle Tiere ihre artgemäßen Bedürfnisse, wie Picken, Scharren und Staubbaden, befriedigen können. Die Bildung einer verkrusteten oder feuchten Einstreu muss dabei durch zum Beispiel frühzeitige Nachstreu verhindert werden – auch im Sinne der Tiergesundheit.

Sitzstangen sollten den Küken nach Möglichkeit ab dem ersten Lebenstag angeboten werden. Je früher sich die Tiere daran gewöhnen, desto selbstverständlicher können sie diese später nutzen. Bis zur 10. Lebenswoche müssen jedem Tier mindestens 6 cm, danach mindestens 10 cm Sitzstangenlänge zur Verfügung stehen. Die Stangen müssen dabei so beschaffen sein, dass Verletzungen der Füße ausgeschlossen sind.

Die gleichmäßige Ausleuchtung des Stalles durch Tageslicht und/oder flackerfusionsfreies Kunstlicht ist notwendig, wobei Lichtkegel beziehungsweise Sonnenflecken zu vermeiden sind. Empfohlen werden deshalb Lichtbänder, Milchglasscheiben, Glasbausteine, Doppelstegplatten o. Ä. Entscheidend für die Beleuchtung ist neben der Lichtqualität und Lichtintensität auch die Einhaltung ausreichender Dämmerungsphasen. Da das Huhn anders sieht als der Mensch, können die nach den Europaratsempfehlungen geforderten 20 Lux im Stall in kritischen Situationen zu Stress bei den Legehennen führen und Federpicken und Kannibalismus auslösen. Die Möglichkeit einer automatisch steuerbaren Verdunkelung sollte deshalb vorhanden sein. Allerdings darf dies keineswegs dazu führen, dass der vermeintlich einfache Weg beschritten wird und die Tiere dauerhaft in vollständiger Dunkelheit gehalten werden.

Auch dem Stallklima kommt eine wichtige Bedeutung zu. Der Ammoniakgehalt der Stallluft sollte im Aufenthaltsbereich der Tiere 10 ppm nicht überschreiten, 20 ppm dürfen nicht überschritten werden. Ammoniakgase reizen die Atemwegsorgane und Schleimhäute der Tiere ebenso wie die des Menschen.

> Beispiel
> Wer als Betreuer im Stall ein leichtes Brennen in den Augen ver-
> spürt oder den Drang, sich mehrfach zu räuspern, kann sicher sein,
> dass der Ammoniakgehalt der Luft zu hoch ist.

Der Kohlendioxidgehalt sollte 2000 ppm nicht überschreiten. Bei
der Belüftung des Stalles muss Zugluft vermieden und der Staub-
gehalt der Luft so gering wie möglich gehalten werden.

Eine intensive Betreuung und Beobachtung der Herde helfen,
Probleme frühzeitig zu entdecken und ggf. Gegenmaßnahmen
einleiten zu können. Eine Kontrolle der Aufzuchtherden muss
mindestens zweimal täglich erfolgen. Tote Tiere sind unverzüglich zu entfernen, damit nicht über das Bepicken der Kadaver
Kannibalismus erlernt wird. Auffällig aggressive Tiere müssen
sofort aus der Herde entfernt werden.

Die Empfehlungen für die Haltung von Legehennen, welche
in dem genannten Papier als Anlage B aufgeführt sind, schließen
nahtlos an die Bedingungen zur Haltung von Junghennen an und
sollen hier nicht noch einmal separat aufgeführt werden.

Sollte es dennoch zu Federpicken oder Kannibalismus
kommen, so bieten die Empfehlungen zur Verhinderung von
Federpicken und Kannibalismus bei Jung- und Legehennen des
Niedersächsischen Ministeriums für Ernährung, Landwirtschaft
und Verbraucherschutz umfangreiche Informationen zu den Ursachen, aber auch praxisrelevante Hilfestellungen beim Umgang
mit diesen Verhaltensstörungen.

Ausblick

Im Zusammenhang mit der Haltung von Legehennen ergeben
sich insbesondere zwei weitere ethische Probleme, die am Beginn
des Hühnerlebens und an dessen Ende stehen:

- Männliche Tiere und
- das Ende der Nutzungsphase von Legehennen.

Da die züchterischen Bestrebungen bei Legehennen in der Vergangenheit nur auf Legeleistung und nicht auf Fleischansatz
abzielten, sind männliche Tiere der Hybridlinien nicht geeignet,
ausgemästet zu werden. Als Konsequenz werden in Deutschland
jedes Jahr viele Millionen männliche Küken direkt nach dem
Schlupf getötet. Es gibt positive Ansätze, dieses Problem zu lö-

sen. Einerseits werden große Anstrengungen unternommen, um das Geschlecht der Tiere bereits im Ei bestimmen zu können und so gar keine männlichen Tiere zu erbrüten. Eine zweite Variante sind die sogenannten Bruderhahninitiativen. Hierbei werden die männlichen Tiere ganz bewusst aufgezogen und gemästet, obwohl dies wegen des geringeren Fleischansatzes im Vergleich zu reinen Mastlinien nicht wirtschaftlich erfolgen kann.

Das zweite große Problem stellt das Ende der Nutzungsphase bei Legehühnern dar. Rund 31 Millionen Legehennen in Deutschland sind nach spätestens 18 Monaten mit über 300 gelegten Eiern am Ende der Nutzungsphase angelangt. Es gibt in Deutschland allerdings nur wenige Geflügelschlachtbetriebe, in denen diese Tiere geschlachtet werden, und noch weniger Möglichkeiten, sie sinnvoll zu vermarkten. Dennoch hat jedes einzelne Huhn ein Anrecht darauf, an seinem Lebensende mit Respekt behandelt und in der Folge auch sinnvoll verwertet zu werden.

2.4 Masthühner

In Deutschland werden jedes Jahr rund 600 Millionen Hühner zur Mast aufgezogen und geschlachtet. Es handelt sich dabei um spezialisierte Masthybriden. Laut Angaben der Zuchtunternehmen können die Tiere ihr Gewicht innerhalb von 30 Tagen von rund 40 g auf knapp 1700 g steigern. Das entspricht einer Vervielfachung um das Vierzigfache innerhalb eines Monats und erfordert weniger als 2,5 kg Futter.

Rechtsgrundlagen

Alle für diesen Betriebszweig relevanten Themenbereiche, werden in einem speziellen Abschnitt der TierSchNutztV behandelt. Dieser Abschnitt gilt für alle Masthühnerhaltungen ab einer Größe von 500 Tieren. Für kleinere Haltungen ist er zwar nicht rechtlich bindend, wird aber als Maßstab herangezogen (Kapitel 1.3).

Die masthühnerspezifischen Regelungen in Abschnitt 4 der Verordnung gelten nicht alleine, sondern immer in Verbindung mit den allgemeinen Bestimmungen der §§ 3 und 4 der TierSchNutztV (Kapitel 1.3). Eine masthühnerspezifische Besonderheit ist allerdings, dass die Tierkontrolle zweimal am Tag stattfinden muss.

Sachkundenachweis der Halter und Betreuer

Bei der Einführung der Regelungen für die Masthühnerhaltung wurde erstmals im landwirtschaftlichen Bereich verlangt, dass die Tierhalter oder deren Vertreter wie beispielsweise Farmleiter nicht nur Kenntnisse und Fertigkeiten im Umgang mit den jeweiligen Tieren haben müssen, also faktisch sachkundig sind. Tierhalter bzw. Farmleiter müssen darüber hinaus einen förmlichen Sachkundenachweis erbringen (§ 17 TierSchNutztV). Um diesen Sachkundenachweis zu erhalten, muss ein anerkannter Lehrgang besucht werden. Außerdem muss man eine Prüfung mit einem praktischen und einem theoretischen Teil ablegen. Erst dann stellt das zuständige Veterinäramt den Sachkundenachweis aus. Die Kursinhalte bzw. Prüfungsgebiete werden in der Verordnung aufgelistet und schließen Kenntnisse zur bedarfsgerechten Versorgung der Masthühner, Grundkenntnisse der Anatomie und Physiologie, des Verhaltens und zu tierschutzrechtlichen Vorschriften ein. Des Weiteren werden Kenntnisse zu Gesundheits- und Verhaltensstörungen oder Stress und zu möglichen Gegenmaßnahmen verlangt. Das umfasst auch Notbehandlungen bzw. Notschlachtungen und Tötungen oder andere Maßnahmen, mit denen dem Ausbruch und der Verbreitung von Krankheiten vorgebeugt werden kann. Darüber hinaus sind praktische Fähigkeiten zum sorgsamen Umgang mit Masthühnern, zum Fangen, Verladen und Transportieren der Tiere bzw. dem ordnungsgemäßen Töten nachzuweisen.

Anstelle der Prüfung kann das Veterinäramt bestimmte Berufsabschlüsse oder langjährige, beanstandungsfreie Erfahrung anerkennen, um den förmlichen Sachkundenachweis auszufertigen. Nach den Auslegungshinweisen der Länder für die Veterinärämter müssen andere Personen als der Tierhalter bzw. der Farmleiter, die in einer Masthühnerhaltung beschäftigt sind, zwar sachkundig sein, aber sie benötigen keinen behördlichen Sachkundenachweis. Der Tierhalter bzw. Farmleiter wird jedoch ausdrücklich dafür verantwortlich gemacht, dass die in der Tierhaltung oder beim Verladen beschäftigten Personen ausreichend geschult sind.

Besatzdichte

Die maximal zulässige Besatzdichte von 39 kg Lebendmasse pro m^2 Masthühnernutzfläche darf zu keinem Zeitpunkt während der Mast überschritten werden. Dies gilt unabhängig vom Gewicht der einzelnen Tiere. Für die Mastphase, in der die Tiere ein durchschnittliches Gewicht von unter 1600 g haben, gilt außerdem, dass der Durchschnitt von drei aufeinander folgenden Mastdurchgängen die Besatzdichte von 35 kg pro m² nicht überschreitet. Auf diese Weise soll sichergestellt werden, dass ausreichend Bewegungsmöglichkeiten für die Tiere erhalten bleiben.

Die EU-Richtlinie, die diesen Regelungen der TierSchNutztV zugrunde liegt, sieht grundsätzlich maximale Besatzdichten von 33 kg Lebendmasse pro m² vor. Abweichungen nach oben wurden zugebilligt, wenn neben einer Reihe von Dokumentationspflichten bestimmte Haltungsbedingungen eingehalten werden. Diese Bedingungen wurden so in die TierSchNutztV übernommen, dass sie für alle Masthühnerhaltungen gelten, wodurch für alle Ställe – außer im Öko-Bereich – die höheren Besatzdichten zulässig geworden sind. Die höhere Besatzdichte muss der Tierhalter trotzdem der Veterinärbehörde mitteilen.

Versorgungseinrichtungen bei der Hühnermast

Ergänzend zu den allgemeinen Haltungsbedingungen sind bei der Masthühnerhaltung vor allem folgende Aspekte rechtlich geregelt:

- Wasserversorgung
- Klimaführung
- Schadgasgehalt der Atemluft
- Beleuchtung

Masthühner müssen nicht nur ausreichend, sondern ständig Zugang zu Tränkwasser haben. Das trägt ihrer enorm hohen Stoffwechselleistung wegen des schnellen Wachstums Rechnung. Für die unterschiedlichen Tränkevorrichtungen wird vorgegeben, wie viel Platz pro Tier einzuplanen bzw. welche Zahl von Tieren pro Tränkenippel zulässig ist (Tab. 13). Zugleich muss der Tierhalter sicherstellen, dass die Tränken nicht überlaufen und zu nasser, gesundheitsgefährdender Einstreu beitragen.

Ähnliche Vorgaben gibt es auch für die Fütterungseinrichtungen (§ 18 Abs. 2 TierSchNutztV). Geregelt ist darüber hinaus, dass die Fütterung frühestens zwölf Stunden vor dem voraussichtlichen Schlachttermin eingestellt werden darf.

Für die Klimaführung existieren auch für diesen Bereich konkrete Rechtsvorgaben. So darf die Atemluft der Tiere nicht mehr

Tab. 13 Ausstattung von Masthühnerhaltungen mit Tränke-vorrichtungen

Tränketyp	Anforderung
Rundtränken	0,66 cm Rand pro Tier
Tränkerinnen	1,5 cm Rand pro Tier
Tränkenippel	max. 15 Tiere pro Nippel

als 20 ppm Ammoniak und 3000 ppm Kohlendioxid enthalten. Die Luft darf nicht zu feucht sein und muss eine Mindest-Luftwechselrate aufweisen. Außerdem dürfen ab Außentemperaturen von 30 °C die Temperaturen im Stall nur maximal drei Grad höher als die Außentemperaturen sein. Dies alles zusammengenommen bedeutet, dass die Belüftungs- und Klimatechnik bei der Planung eines Masthühnerstalles keinesfalls zu knapp bemessen werden sollte.

Beleuchtung

Bei der Masthühnerhaltung ist vorgeschrieben, dass spätestens ab dem siebten Tag nach der Einstallung der Masthühner und bis drei Tage vor dem voraussichtlichen Schlachttermin ein 24-stündiges Lichtprogramm betrieben wird, das sich am natürlichen Tag-Nacht-Rhythmus orientiert und mindestens eine 6-stündige ununterbrochene Dunkelperiode gewährleistet. Während der Lichtstunden muss die Lichtintensität mindestens 20 Lux, gemessen in Kopfhöhe der Tiere, betragen. Als grober Anhaltspunkt für diese Lichtintensität gilt, dass sie ausreicht, um als Mensch ohne Anstrengung eine Tageszeitung lesen zu können. Ergänzend zum Lichtprogramm müssen Masthühnerställe mit Lichtöffnungen für den Einfall von natürlichem Licht versehen sein, deren Gesamtfläche mindestens 3 % der Stallgrundfläche entspricht. Einschränkungen der Lichtintensität oder des natürlichen Lichteinfalls sind nur nach tierärztlicher Indikation erlaubt.

Dokumentationspflichten und Rückmeldung vom Schlachthof

Eine Folge der generell höheren Besatzdichte im Vergleich zur EU-Vorgabe sind die Dokumentationspflichten für Masthühnerhalter. Für jeden Masthühnerstall eines Betriebs sind Aufzeich-

Abb. 10
Stallkarte
Mast-
hühner-
haltung.

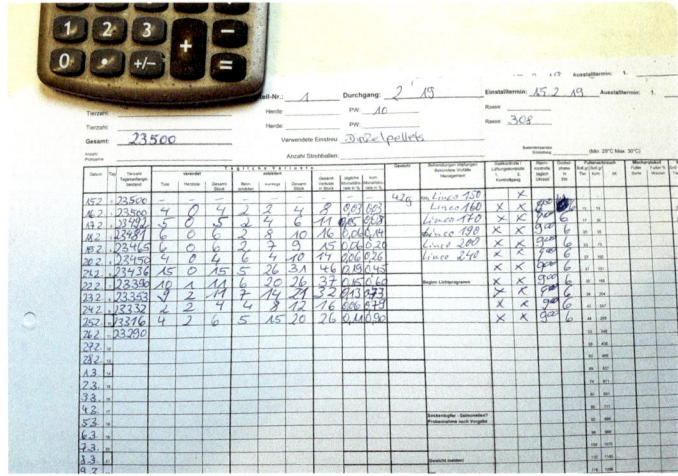

nungen zu führen über das Erzeugungsverfahren, Angaben zum Stall und seiner Ausstattung, vor allem aber zum Tierbestand und dessen Veränderungen, das heißt die Zahl der verendeten, getöteten oder vorab ausgestallten Tiere (Abb. 10). Aus diesen Daten lässt sich die tägliche Mortalitätsrate, also die Summe der an einem Tag verendeten oder getöteten Tiere errechnen. Zählt man diese Zahlen für die gesamte Mastperiode zusammen, erhält man die kumulative Mortalitätsrate.

Die Daten zur Bestandsentwicklung müssen u. a. dem Schlachthof zur Verfügung gestellt werden. Die dortige Über-wachungsbehörde überprüft die Mortalitätsraten und die Zahl der beim Transport verendeten Tiere. Lassen die Mortalitäts-raten oder die Ergebnisse der Fleischuntersuchung auf einen tierschutzrelevanten Missstand im Herkunftsbetrieb schließen, teilt die für den Schlachtbetrieb zuständige Behörde das dem Tierhalter und der Behörde mit, die für die Überwachung der Masthühnerhaltung zuständig ist. Die Verpflichtung zu einer sol-chen Rückmeldung ist bislang nur für Masthühner geregelt. Die Länder haben sich darauf verständigt, immer dann einen Verstoß gegen Tierschutzrecht zu vermuten, wenn eine bestimmte, nach einer EU-Formel errechnete Mortalitätsrate überschritten wurde, vermehrt verschmutzte Tiere, Verletzungen oder andere hal-tungsbedingte Veränderungen bei der Schlachtung auffallen.

Eigenkontrolle

Wie jeder Nutztierhalter ist auch der Masthühnerhalter dazu verpflichtet, Eigenkontrollen durchzuführen (Kapitel 1.3). Zum einen kann er dazu die ohnehin errechneten Mortalitätsraten heranziehen. Zum anderen werten die Schlachtbetriebe das Auftreten von Fußballenveränderungen bei den Schlachttieren inzwischen automatisiert aus und melden das Ergebnis dem Tierhalter. Gerade die Fußballenveränderungen können ein wichtiger Hinweis dafür sein, dass es Defizite bei der Aufzucht und vor allem bei der Qualität der Einstreu gibt. Als weitere tierbasierte Indikatoren für die Eigenkontrolle werden beispielsweise das Auftreten von Lahmheiten oder Brustblasenbildungen empfohlen.

Abb. 11 Überprüfung der Fußballen während der Mastperiode.

Fangen und Abtransport

Auch bei Masthühnern gelten die Europaratsempfehlungen als Auslegungshilfe bzw. als hochrangiges Expertengutachten. Laut den Europaratsempfehlungen zu Haushühnern wird ausdrücklich abgelehnt, dass Hühner wegen der Verletzungsgefahren an einem Bein gefasst und getragen werden. Dennoch ist dies die übliche Vorgehensweise beim Fangen und Verladen. Die Diskussion, wie diese Kluft zwischen gerichtsrelevanter Expertenmeinung und Praxis geschlossen werden kann, ist noch nicht beendet.

Ausblick

Zwei weitere Fragestellungen dürften über kurz oder lang zu Ergänzungen der Rechtsvorgaben bzw. zu öffentlichen Debatten führen:

- Zum einen existieren derzeit weder freiwillige noch rechtsverbindliche Regeln für die Haltung der Elterntierherden im Masthühnerbereich, obwohl es dort zu tierschutzrelevanten Problemstellungen kommt.
- Zum anderen muss thematisiert werden, ob das genetisch bedingte enorme Wachstumsvermögen der Masthybriden möglicherweise gegen das Überforderungs- oder das Qualzuchtverbot verstößt (Kapitel 1.3).

2.5 Puten

Ein knappes Drittel der Geflügelfleischerzeugung in Deutschland entfällt auf Puten. Jährlich werden ungefähr 460 000 Tonnen Putenfleisch erzeugt. Dafür werden 35 Millionen Puten gehalten. Wildtruthühner sind flugfähige Hühnervögel, die bevorzugt in Bäumen übernachten.

Rechtsgrundlagen

Neben den allgemeinen Vorgaben aus TierSchG und TierSchNutztV spielen vor allem zwei Dokumente eine bedeutende Rolle bei der Beurteilung von Putenhaltungen:

- die Europaratsempfehlungen in Bezug auf Puten von 2001 und
- die Bundeseinheitlichen Eckwerte für eine freiwillige Vereinbarung zur Haltung von Mastputen, die nach längeren Verhandlungen 2013 von der Putenwirtschaft, Politik- bzw. Wissenschaftsvertretern und Tierschutzorganisationen unterzeichnet wurden.

Als freiwillige Selbstverpflichtung der Branche gelten diese Eckwerte unmittelbar für jeden Putenhalter in Deutschland. Kernstück der Vereinbarung ist das sogenannte Gesundheitskontrollprogramm.

Betreuung und Versorgung von Puten

Wer Puten hält, muss seine Sachkunde belegen können. Die Sachkunde gilt als erbracht, wenn bestimmte Berufsabschlüsse vorliegen bzw. mind. drei Jahre lang ohne Beanstandung Erfahrung in der Putenhaltung gesammelt wurden oder eine Sachkundeprüfung beim Veterinäramt abgelegt wird. Der Putenhalter muss sich außerdem regelmäßig fortbilden. Er muss sicherstellen und belegen können, dass andere Personen, die bei der Betreuung, beim Fangen oder beim Verladen mitarbeiten, für ihre Aufgaben ausreichend geschult wurden.

Putenherden sind zweimal am Tag durch geschultes Personal zu kontrollieren. Die Personen müssen so ausgebildet sein, dass sie im Bedarfsfall sofort zum Schutz der Tiere reagieren können. Das schließt das Absondern kranker oder verletzter Tiere und nötigenfalls auch das tierschutzkonforme Töten ein (Kapitel 3.1). Krankenabteile müssen gut belüftet und mit gut erreichbaren

Abb. 12
Kranken-
abteil für
Puten.

Futterschalen sowie Tränken ausgestattet sein (Abb. 12). Die
Besatzdichte in den Krankenabteilen darf 45 kg Lebendgewicht
pro m² nutzbarer Stallfläche nicht überschreiten. Außerdem muss
eine monatliche Kontrolle des Tierbestands durch den betreuen-
den Tierarzt stattfinden.

Puten dürfen – außer im Moment des Einfangens – nicht mit
dem Kopf nach unten getragen oder nur an einem Bein hoch-
gehoben werden. Kleine Tiere müssen an beiden Beinen bzw.
zwischen Arm und Körper des Trägers gehalten werden. Größere
Tiere sollten an einem Bein und dem gegenüberliegenden Flügel
getragen werden. Die Strecken beim Tragen müssen so kurz wie
möglich sein.

Besatzdichte und andere Bedingungen bei der Unterbringung von Puten

Im Rahmen der freiwilligen Vereinbarung plant der Tierhalter
die Besatzdichte so, dass auch in der Endphase der Mast bei
Putenhennen 45 kg Lebendgewicht pro m² nutzbarer Stallgrundfläche und bei Putenhähnen 50 kg Lebendgewicht pro m² nicht
überschritten werden. Bei verbindlicher Beteiligung an einem
Gesundheitskontrollprogramm sind bei Putenhennen bis zu
52 kg Lebendgewicht pro m² und bei Putenhähnen bis zu 58 kg
Lebendgewicht pro m² erlaubt. Wintergärten dürfen nur teilweise
als nutzbare Fläche einbezogen werden.

Die Puteneckwerte beschreiben außerdem Mindeststandards zur Anzahl der Futterschalen und Tränkevorrichtungen, aber auch zum Luftwechsel bzw. zur natürlichen oder mechanischen Belüftung der Ställe. Es muss ein maximaler Ammoniakgehalt in der Stallluft von unter 10 ppm angestrebt werden; 20 ppm dürfen nicht dauerhaft überschritten werden. Die Obergrenze für Kohlendioxid liegt bei 3000 ppm.

Putenställe müssen mit Lichtöffnungen für den Einfall von natürlichem Licht versehen sein, deren Gesamtfläche mindestens 3 % der Stallgrundfläche entspricht, sodass eine möglichst gleichmäßige Verteilung des Lichts über die gesamte Stallgrundfläche entsteht. Ausnahmen davon bestehen nur für bestimmte Altbauten. In Augenhöhe der Tiere muss die Lichtintensität mindestens 20 Lux betragen. Die Länge der Dunkelperiode im Stall soll sich am natürlichen Tag-Nacht-Rhythmus orientieren und soll möglichst mindestens acht Stunden betragen, wenn durch ein Lichtprogramm von den natürlichen, jahreszeitlich schwankenden Dunkelphasen abgewichen wird.

Puten ist ständig geeignetes Beschäftigungsmaterial anzubieten. Zusätzlich zu lockerer trockener Einstreu muss immer mindestens ein zusätzliches veränderbares Material angeboten

Abb. 13
Erhöhte Sitzmöglichkeit für Puten.

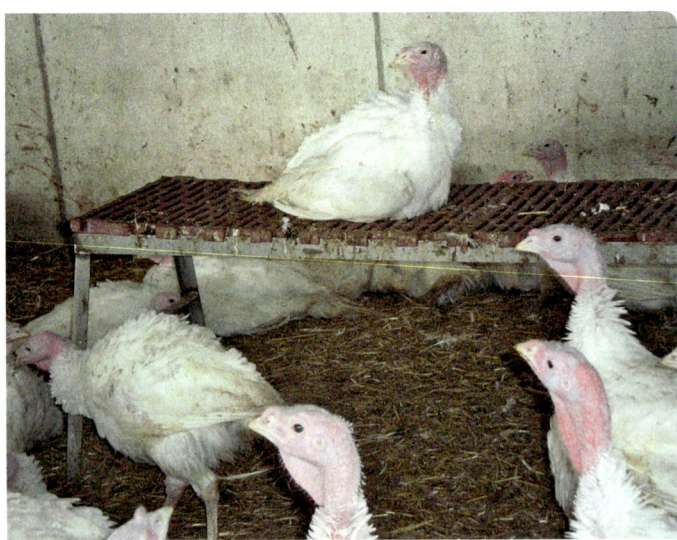

werden, wie zum Beispiel Stroh oder Heu in Raufen bzw. Körben, Strohballen oder andere bepickbare Gegenstände, wie beispielsweise Pickblöcke.

Um den Puten artspezifisches Verhalten zu ermöglichen, wird insbesondere empfohlen, Strohballen, erhöhte Sitzgelegenheiten (Abb. 13), Unterschlupfmöglichkeiten und einen Außenklimabereich anzubieten. Solche Elemente der Stalleinrichtung fördern die Aktivität und das Erkundungsverhalten der Puten und ermöglichen den Tieren, Aggressoren auszuweichen. Puten dürfen nicht in Käfigen gehalten werden. Bei Freilandhaltung muss ein Witterungsschutz für alle Tiere zur Verfügung stehen. Außerdem muss für Schutz vor Beutegreifern gesorgt werden.

Fußballengesundheit

Ein häufiges Problem in der Putenhaltung sind Veränderungen an den Fußballen der Vögel, die sich zum Teil bereits während der Aufzucht entwickeln. Feuchtigkeit in der Einstreu gilt als bedeutender Auslöser. In den Eckwerten wird deshalb jedem Putenhalter nahegelegt, besonders auf trockene und lockere Einstreu zu achten. Dazu müssen Ställe u. a. rechtzeitig aufgeheizt, ein guter Luftaustausch sichergestellt und Tränkesysteme konsequent kontrolliert bzw. rasch repariert werden. Darmerkrankungen, die zu Durchfall führen, muss durch Hygienemaßnahmen und eine geeignete Futterzusammensetzung vorgebeugt werden. Außerdem sind ausreichende Mengen Einstreumaterial von guter Qualität einzusetzen.

Gesundheitskontrollprogramm

Laut den Puteneckwerten ist jeder Putenhalter dazu verpflichtet, an einem Gesundheitskontrollprogramm teilzunehmen, wenn er die genannten höheren Besatzdichten nutzt. Anhand tierbasierter Indikatoren sollen im Gesundheitsprogramm Rückschlüsse auf den Gesundheitsstatus und das Wohlbefinden der Tiere im Vergleich zu anderen Herden gezogen werden. Bei Auffälligkeiten sind gemeinsam mit dem bestandsbetreuenden Tierarzt die Ursachen zu ermitteln und Maßnahmenpläne zu erarbeiten. Zum Gesundheitsprogramm nach den Eckwerten gehören mindestens die Indikatoren Mortalität, hochgradige Fußballenveränderungen und die Zahl der Transporttoten im Vergleich zu anderen Putenhaltungen sowie ergänzend dazu weitere Daten, die im Schlachtbetrieb erfasst werden. Die Teilnahme am Gesundheitskontrollprogramm kann auch als Bestandteil der Eigenkontrolle nach § 11 Abs. 8 TierSchG betrachtet werden (Kapitel 1.3).

Managementbedingte Eingriffe

Eine besondere Herausforderung stellen bei Puten das gegenseitige Bepicken und Kannibalismus dar. Anders als bei den Legehühnern (Kapitel 2.3) werden die Schnäbel von Putenküken in den Brütereien üblicherweise noch kupiert, obwohl nach den Europaratsempfehlungen Eingriffe an Puten grundsätzlich verboten sind. Erst wenn die Optimierung der Umweltfaktoren und Haltungsbedingungen nicht ausreicht, um Verletzungen zu verhindern, darf kupiert werden. Dafür ist eine Ausnahmegenehmigung nach § 6 Abs. 3 TierSchG notwendig. Bislang werden diese Ausnahmegenehmigungen erteilt, weil davon ausgegangen wird, dass das Kupieren unverzichtbar ist und dem Schutz der Tiere dient. Anders als bei den Legehühnern sollen das gegenseitige Bepicken und Kannibalismus bei Puten auch artspezifische aggressive Verhaltensweisen sein.

Beim Auftreten von Verhaltensabweichungen, wie zum Beispiel Federpicken oder Kannibalismus, besteht die Pflicht, den Puten zusätzliche Beschäftigungsmaterialien anzubieten. Nach tierärztlicher Indikation ist dann auch eine zeitweise Einschränkung der Lichtintensität oder die vorübergehende Einschränkung des natürlichen Lichteinfalls zulässig. Die Zeiten der Verdunklung müssen protokolliert werden.

2.6 Schafe und Ziegen

In Deutschland wurden Ende 2018 rund 1,6 Millionen Schafe gehalten. Die Zahl der Betriebe mit Schafhaltung nahm leicht ab, die Anzahl der gehaltenen Schafe war verglichen zum Vorjahr weitestgehend konstant. Die meisten Schafe und Ziegen werden in den südlichen Bundesländern Bayern und Baden-Württemberg gehalten. Zum Stichtag 1.3.2016 lebten 140 000 Ziegen überwiegend in Kleinhaltungen; auch hier liegt der Schwerpunkt in Süddeutschland.

Weder im TierSchG noch in der TierSchNutztV (Kapitel 1.3) wird im Detail auf diese beiden Spezies eingegangen. Deshalb

gelten lediglich die allgemeinen Regelungen. Dies ist bedauer-
lich, erfreuen sich Schaf und Ziege doch heutzutage nach wie vor
großer Beliebtheit im Hobbybereich, aber auch in der Nebener-
werbslandwirtschaft.

Schafe und Ziegen werden gerne wegen ihrer Eigenschaft als
genügsame, robuste, vermeintlich anspruchslose Zeitgenossen in
Naturschutzprojekten, unwegsamem Gebiet oder auf Streuobst-
wiesen eingesetzt, um dort den Bewuchs niedrig zu halten. Dem
gegenüber stehen die großen landwirtschaftlichen Schäfereien,
die häufig als Wanderschafhaltungen durch die Lande ziehen.
Nicht selten bilden 1000 Schafe und mehr dabei eine Herde, und
jedes einzelne Individuum aus dieser Herde hat ein Recht auf
Einhaltung der Mindeststandards. Jedem Einzelnen steht die
Erfüllung der allgemeinen Tierhaltungsnorm im Hinblick auf
Haltung, Fütterung, Tränke und Pflege zu. Diesem Anspruch gerecht zu werden, ist für den Schäfer – speziell den Wanderschäfer
– nicht einfach, weil er beispielsweise Schatten und Windschutz
für 1000 Schafe bereitstellen muss.

Rechtsgrundlagen

Zu den wenigen rechtlich bindenden Dokumenten gehören die
Europaratsempfehlungen für Schafe. Schon in der Präambel
werden sehr klare Aussagen zu den Bedürfnissen von Schafen getroffen, ganz besonders zu Ernährung, Bewegungsmöglichkeiten,
Wohlbefinden, Ausüben arttypischer Verhaltensweisen wie Ruhe-
und Schlafverhalten, Fellpflege und dergleichen, Schutz vor Witterung, Raubtieren, gesundheitlichen Risiken und lebenswichti-
gen Bedürfnissen. Im speziellen Teil dieser Europaratsempfehlungen wird sinngemäß die Sachkunde des Tierhalters eingefordert,
und dass die Zahl der gehaltenen Tiere dessen Leistungsfähigkeit
und speziellen Fachkenntnissen entspricht. Er muss in der Lage
sein, Krankheiten und Missstände zu erkennen, um Fehlentwick-
lungen entgegen steuern zu können.

Ergänzend zu diesen rechtlich verbindlichen Regelungen
sind die Ausführungen der DVG-Empfehlungen aus dem Jahr
2012 für die Haltung von Schafen und Ziegen hilfreich und lie-
fern gerichtsrelevante Maßstäbe. In Teil 1 dieses hochrangigen
Sachverständigengutachtens geht es um Haltungsbedingen und
tierschutzrechtliche Anforderungen, Teil 2 beschäftigt sich unter
anderem mit tierseuchenrechtlichen Fragestellungen.

Weitere relevante Gutachten sind die Empfehlungen für die ganzjährige und saisonale Weidehaltung von Schafen des LAVES und das TVT-Merkblatt „Hinweise für die Wanderschafhaltung in der kalten Jahreszeit".

Haltung im Stall und auf der Weide

Vor allem im DVG-Gutachten werden konkrete Angaben zum erforderlichen Tier-Fressplatz-Verhältnis (1:1) gemacht; auch die Fressplatzbreite von 40 cm pro Tier dürfte beim Stallbau für kleine Wiederkäuer von Interesse sein. Tabelle 1 des Gutachtens spiegelt außerdem die Mindestanforderungen an den Stallflächenbedarf bei Schafen wider (Tab. 14).

Die Einzelhaltung von Schafen wird – übrigens genauso wie bei Ziegen – abgelehnt. Eine wichtige Vorgabe, die häufig nicht ausreichend beachtet wird, ist die im Regelfall mehrmals am Tag erforderliche Kontrolle der Herde, insbesondere während der Lammzeit.

Laut Europaratsempfehlungen soll der Witterungsschutz ein trockener, gegen Regen und Wind geschützter Platz sein. Für Koppelschafhaltungen mit überschaubaren Tierzahlen dürfte dies problemlos machbar sein. Doch auch bei diesem Punkt rücken die Wanderschäfer in den Fokus: Idealerweise sollten die Pferche für die Nacht auf Ackerland am windgeschützten Waldrand aufgestellt werden, erforderlichenfalls können Rundballen (Stroh) aufgeschichtet werden, um zumindest Schutz vor dem Wind zu bieten. In den darauffolgenden Artikeln der Europaratsempfehlungen, aber auch im allgemeinen Teil der TierSchNutztV ist

Tab. 14 Stallflächenbedarf bei der Schafhaltung

Tiergruppe	Stallfläche [m²]
Mutterschaf ohne Lamm	0,75–1,0
Mutterschaf mit einem Lamm	1,2–1,5
Mutterschaf mit zwei Lämmern	1,5–1,75
Jährlinge	0,8–1,0
Zuchtbock in Einzelbucht	3,0–4,5
Milchziegen (ganzjährige Stallhaltung)	1,50

festgelegt, welche Maßnahmen der Schafhalter bezüglich kranker Schafe und hinsichtlich den Mindestanforderungen an die Gebäude einhalten muss.

Zu einer anderen wiederkehrend diskutierten Fragestellung schafft Artikel 14 der Europaratsempfehlungen Klarheit: Schafe dürfen nicht dauernd fixiert werden. Bei Schafen als Fluchttieren besteht die Gefahr, dass sie sich in der Anbindevorrichtung verheddern könnten. Beim „Tüdern" von Schafen, also der vorübergehenden Anbindung zur Abweidung von schlecht einzuzäunenden Flächen, ist diesem Umstand ebenfalls Rechnung zu tragen, indem zum Beispiel Wirbel zwischen Anbindekette und Halsband des Tieres ein Aufdrehen der Anbindung verhindern sollen.

Geburtszeitraum

Im Abschnitt „Trächtigkeit und Ablammen" der Europaratsempfehlungen geht es um die Unterbringung und Pflege der Schafe um die Geburt. Der Betreuer muss in der Lage sein, schwierige Situationen zu erkennen, Schafe in dieser heiklen Lebensphase der Situation angemessen zu versorgen und Geburtshilfe zu leisten. Der Tierhalter trägt die Verantwortung dafür, die Mutter-Lamm-Beziehung durch Aufstallung zu fördern und Ablammungen unter widrigen Wetterbedingungen zu verhindern. Immer wieder lassen sich Missstände bei nicht geleisteter Geburtshilfe, fehlendem Aufstallen von Mutterschafen um den Geburtszeitpunkt herum und der ausbleibende Schutz vor Attacken von Beutegreifern feststellen.

Wasser- und Futterversorgung

Einige grundlegende Anforderungen für landwirtschaftliche Nutztiere – insbesondere zu Fütterung und Tränke – finden sich außerdem in der TierSchNutztV. In § 4 wird jedem Tier zugesprochen, Anspruch auf tägliche Versorgung mit Futter und Wasser in ausreichender Menge und Qualität zu haben. Gerade bei hochträchtigen Tieren müssen die Fütterung und Wasserversorgung den besonderen Umständen angepasst werden. Lediglich bei Regenwetter oder bei Vorhandensein von mit Tau benetztem saftigem Grünfutter sinkt der Bedarf an zusätzlichem Wasser. Laut DVG-Gutachten ist das dauerhafte Angebot von Wasser zwar wünschenswert, ein- bis zweimaliges Tränken am Tag wird jedoch als ausreichend angesehen.

Abb. 14 Selbsttränke für kleine Wiederkäuer.

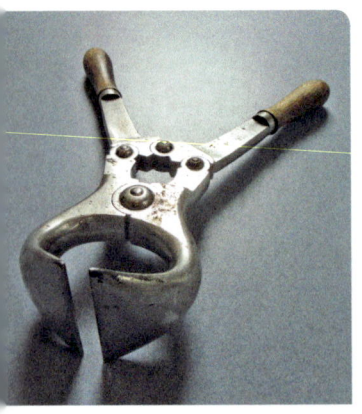

Abb. 15 Burdizzo-Zange.

Entsprechend steigt der Wasserbedarf bei Hitze, dürrem Futter und in der Lammzeit, wenn die Mutterschafe mehr Wasser zur Milchproduktion brauchen. Schafe benötigen 1,5–3 Liter Wasser pro Tag. Bei einer Wanderschafherde mit 600 Mutterschafen plus Lämmern und Jährlingen sind das über 2000 Liter am Tag.

Erkrankungen und Eingriffe

In der TierSchNutztV ist überdies geregelt, dass kranke Tiere unverzüglich zu behandeln, abzusondern und bei schwerwiegenden Erkrankungen einem Tierarzt vorzustellen sind. Die in § 4 beschriebenen Pflegemaßnahmen schließen die Klauenpflege ein. Wanderschafherden legen täglich rund 10 km Triebweg zurück. Für ein klauenkrankes Tier wird eine solche Strecke zur Tortur, wenn es nicht rechtzeitig aus der Herde genommen und bis zur Genesung aufgestallt wird.

Die Kastration männlicher Schafe und Ziegen darf bei unter vier Wochen alten Lämmern ohne Betäubung durchgeführt werden. Dies geschieht im Regelfall mit der sogenannten Burdizzo-Zange, einem Werkzeug, das die Samenstränge stumpf quetscht und somit dauerhaft funktionslos macht (Abb. 15). Es handelt sich also um eine unblutige Methode. Die Gabe von Schmerzmitteln ist dennoch unverzichtbar und laut TierSchG Pflicht.

Auch die Amputation der Schwänze von unter acht Tage alten Lämmern durch elastische Ringe ist ohne Betäubung zulässig. Für die Kastration dürfen allerdings Gummiringe nicht mehr eingesetzt werden.

Schafschur

Des Weiteren fordert die Europaratsempfehlung, Schafe mindestens einmal jährlich zu scheren. Verletzungen bei der Schur sind dabei zu vermeiden. In den Europaratsempfehlungen werden deshalb auch Schafschurwettbewerbe reglementiert. Die Formulierung in Artikel 15, dass sinngemäß „Qualität vor Schnelligkeit" stehen muss, soll Verletzungen auf ein Mindestmaß reduzieren. Diese Thematik beschäftigt auch die Veterinärbehörden, die die Schur im Akkord und die zwangsläufig entstehenden Verletzungen als Konflikt mit dem TierSchG betrachten.

Besonderheiten bei der Ziegenhaltung

Die Europaratsempfehlungen für das Halten von Ziegen sind der ausschlaggebende Beurteilungsmaßstab. Sie ähneln im Aufbau wie auch inhaltlich in weiten Teilen den Europaratsempfehlungen für das Halten von Schafen. Darüber hinaus wird im Merkblatt Ziegenhaltung der TVT auf einige Besonderheiten dieser Spezies eingegangen: Ziegen sind neugierig und bei der Futtersuche zu hohem Risiko bereit. Es ist deshalb explizit auf eine geeignete Umzäunung zu achten. Überdies sind Ziegen – verglichen mit Schafen – deutlich empfindlicher gegenüber klimatischen Einflüssen. Sie frieren bei Nässe und Kälte leicht. Bei der Einrichtung eines Stalles ist zu berücksichtigen, dass Funktionsbereiche geschaffen werden sollten, die unterteilt und auch erhöht sind. Dies kommt dem neugierigen und eigenwilligen Wesen von Ziegen entgegen (Abb. 16).

Abb. 16
Ziegenstall.

Das Enthornen von Ziegen als Routinemaßnahme ist laut TierSchG nicht erlaubt. Sollte ein Eingriff unumgänglich sein, muss dieser im Einzelfall nach tierärztlicher Indikation und mit Betäubung durchgeführt werden. Ferner sind die Besonderheiten bei horntragenden Ziegen zu beachten, wenn es um Aufstallung, Zäune, aber auch den Einsatz von Heunetzen geht. Hörner stellen eine zusätzliche Verletzungsgefahr dar.

2.7 Schutz-, Hüte- und sonstige Arbeitshunde

Mensch und Hund haben eine mehrere Zehntausend Jahre dauernde Co-Evolution durchlebt. Aktuell leben in Deutschland rund 7 Millionen Hunde. Der weit überwiegende Teil dieser Tiere lebt als Begleithund im menschlichen Familienverband und erfüllt dort unterschiedliche Aufgaben. Problematisch ist dabei die häufig fehlende oder zu geringe Sachkunde bei den Hundehaltern. Ein verpflichtender Sachkundenachweis für alle Hundehalter sollte obligatorisch sein und könnte viele Probleme durch die Vermittlung von Grundkenntnissen der Hundehaltung verhindern.

Arbeitshunde in der Landwirtschaft

Inwieweit ein Hofhund als Schutz- und Arbeitshund gelten darf, sei dahingestellt. Der Übergang zum Familienbegleithund ist heute jedenfalls auch im Bereich der Landwirtschaft fließend. Die meisten echten Arbeitshunde im landwirtschaftlichen Bereich werden als Hütehunde in der Schäferei eingesetzt. Mit der Rückkehr des Wolfes nach Deutschland soll hier auch der Herdenschutzhund betrachtet werden.

Rechtsgrundlagen

Das TierSchG und die TierSchHuV gelten in vollem Umfang auch für Arbeitshunde. Letztere enthält dabei über die allgemeinen Vorgaben des Tierschutzgesetzes hinausgehende, konkrete Regelungen, was allgemeine Haltungsbedingungen, die Haltung im Freien, in Räumen, im Zwinger, die Anbindehaltung sowie die Fütterung und Pflege von Hunden angeht.

Anbindehaltung und Zwingerhaltung

Um es klar zu sagen: Die anzustrebende Haltung von Hunden ist die Haltung im menschlichen Familienverband als Rudel. Dennoch gibt es Situationen, in denen der Hund aus Praktikabilitätsgründen zeitweise anderweitig untergebracht werden muss.

Die TierSchHuV gibt in § 7 die Mindestanforderungen für die **Anbindehaltung** vor: Die Laufvorrichtung muss mindestens 6 m lang sein, einen seitlichen Bewegungsspielraum von 5 m ermöglichen und dabei frei gleiten können. Zusätzlich muss der Hund dabei ungehindert seine Schutzhütte aufsuchen, liegen und sich umdrehen können. Der Aufenthaltsbereich des Hundes muss so beschaffen sein, dass er sich nicht verletzen kann, die Leine darf sich nicht aufdrehen und das Halsband oder besser das Brustgeschirr darf nicht einschneiden.

Verboten ist die Anbindehaltung bei Hunden unter 12 Monaten, bei trächtigen Hündinnen im letzten Drittel der Trächtigkeit, bei säugenden Hündinnen sowie bei kranken Hunden, wenn ihnen dabei Schmerzen, Leiden oder Schäden zugefügt würden.

Zur **Zwingerhaltung** gibt § 6 der TierSchHuV vor, dass die Zwingergrundfläche entsprechend der Widerristhöhe des Hundes zu gestalten ist (Tab. 15).

Tab. 15 Grundfläche bei Zwingerhaltung von Hunden	
Widerristhöhe [cm]	**Mindest-Bodenfläche [m²]**
bis 50	6
über 50–65	8
über 65	10

Diese Maße gelten für die uneingeschränkt nutzbare Bodenfläche, d.h. die Fläche der ebenfalls vorgeschriebenen Schutzhütte ist hier auszugleichen. Für jeden weiteren, im selben Zwinger gehaltenen Hund, sowie für jede Hündin mit Welpen sind 50 % der Fläche aufzuschlagen. Die Höhe der Einfriedung muss so bemessen sein, dass der aufgerichtete Hund die Oberkante nicht erreichen kann. Elektrische Vorrichtungen dürfen nicht verbaut werden. Ebenso dürfen Hunde im Zwinger nicht angebunden werden.

Auch das in der Schäferei früher verbreitete Kürzen der Eckzähne von Hütehunden, um auf diese Weise Verletzungen bei den Schafen zu vermeiden, ist unzulässig und tierschutzwidrig.

Das Verbot der Anwendung von Telereizgeräten sollte inzwischen allgemein bekannt sein. Hartnäckig hält sich das Gerücht, die Anwendung sei mit „Sachkundebescheinigung" erlaubt. Dies trifft nicht zu.

Herdenschutzhunde

Die Rückkehr des Wolfes nach Deutschland bedeutet für die Tierhaltung, insbesondere die Weidetierhaltung, eine erhebliche Herausforderung. Die wichtigste Herdenschutzmaßnahmen sind dabei flächendeckend funktionierende Zäune nach guter landwirtschaftlicher Praxis. Aber auch Herdenschutzhunde werden – zum Teil mit staatlicher Förderung – eingesetzt. Herdenschutzhunde sind keine Hütehunde und stellen aufgrund ihres spezifischen, sehr selbstständigen Verhaltens eine besondere Aufgabe für die Hundehalter dar. Ein spezieller Sachkundenachweis müsste zwingend eingefordert werden, um Gefährdungen von Passanten zu vermeiden und den Bedürfnissen dieser Hunde zu entsprechen. Tierschutzrechtlich bestehen zurzeit erhebliche Unsicherheiten im Hinblick auf den Einsatz dieser Tiere. Nach der TierSchHuV muss für Hunde im Freien eine Schutzhütte zur Verfügung stehen (§ 4 TierSchHuV) (Abb. 17), ebenso darf der Hund nicht durch stromführende Zäune beengt werden (§ 6 TierSchHuV). Das BMEL hat zwar in einer Stellungnahme dargelegt, dass die Tierschutzhundeverordnung bei Herdenschutzhunden während des Einsatzes nicht gelten soll, dennoch gibt es bei der Tierschutzüberwachung nach wie vor erhebliche Unklarheiten. Aus fachlicher Sicht sollten ein Witterungsschutz und ein trockener Liegeplatz, vergleichbar den Anforderungen der TierSchNutzV, ausreichen, solange die Hunde in der Herde sind. Inzwischen hat das BMEL einen Entwurf zur Änderung der TierSchHuV vorgelegt, deren Inhalt Herdenschutzhunde betrifft, aber noch nicht beschlossen wurde.

Weitere offene Fragestellungen

Unabhängig von tierschutzrechtlichen und -fachlichen Fragestellungen im Zusammenhang mit den Herdenschutzhunden stellen sich insbesondere ordnungsrechtliche Probleme. Was soll mit den Herdenschutzhunden geschehen, die sich als ungeeignet für die Schutztätigkeit herausstellen? Eine Abgabe solcher, bereits teilweise ausgebildeter Tiere oder ausgemusterter älterer Herdenschutzhunde in Privathände scheidet wegen der besonderen Anforderungen an die Haltungsbedingungen und die Sachkunde der Hundehalter aus. Die Eigenschaft der Herdenschutzhunde, ihren Bereich gegebenenfalls vehement zu verteidigen, bedeutet ein Sicherheitsrisiko für Unbeteiligte. Eine dauerhafte Unterbringung dieser Tiere in möglichst spezialisierten Tierheimen stellt ebenfalls keine praktikable Lösung dar. Daher sollte aus veterinärfachlicher Sicht der Einsatz von Herdenschutzhunden kritisch hinterfragt und restriktiv gehandhabt werden, um diese zwangsläufig entstehenden Probleme zu begrenzen. Nach dem deutschen TierSchG ist eine Tötung dieser unerwünschten Hunde verboten, da der dafür notwendige vernünftige Grund nicht gegeben ist.

Abb. 17 Herdenschutzhund mit Witterungsschutz.

2.8 Pferde

Pferde haben ihren früheren Status als Arbeitstiere in der Land- und Forstwirtschaft heute weitgehend eingebüßt. Abgesehen von wenigen Rückepferden zur schonenden Waldarbeit, werden sie heute fast ausschließlich als Sport- oder Freizeitpferde gehalten. In Deutschland lebten 2016 rund 440 000 Pferde in 42 000 Betrieben. Dabei handelt es sich vor allem um Pensionspferdehaltungen. Die Nutzung der Tiere variiert dabei erheblich. Für viele landwirtschaftliche Betriebe ist die Pensionspferdehaltung ein Standbein im Rahmen der Diversifizierung.

Rechtsgrundlagen

Für die Pferdehaltung gibt es keine spezifische Gesetzgebung. Daher gelten wie stets die §§ 1 und 2 TierSchG (Kapitel 1.2) sowie die allgemeinen Bestimmungen der §§ 3 und 4 TierSchNutztV (Kapitel 1.3). Zur Auslegung dieser unbestimmten Vorgaben, insbesondere von § 2 TierSchG, ziehen die Behörden Leitlinien heran, die mit den Fachverbänden der Pferdehalter vereinbart wurden. Zu nennen sind hier die Leitlinien zur Beurteilung von Pferdehaltungen unter Tierschutzgesichtspunkten sowie die Leitlinien Tierschutz im Pferdesport. Beide Dokumente sind inzwischen in die Jahre gekommen, weil sie bereits 2009 bzw. 1992 verfasst wurden. Die TVT hat sich darüber hinaus zu einigen speziellen Fragestellungen geäußert, wie zum Beispiel den Pferden im sozialen Einsatz oder in der Landschaftspflege.

Grundlegende Problemstellungen bei der Pferdehaltung

Pferde sind soziale Lebewesen und benötigen für ihr Wohlbefinden (Kapitel 1.1) zwingend Sozialpartner der gleichen Tierart. Die Haltung eines einzelnen Pferdes ist deshalb nicht tierschutzkonform. Das wird auch in den Leitlinien ausdrücklich genannt. Dennoch findet man immer wieder eine Vergesellschaftung einzeln gehaltener Pferde mit zum Beispiel Ziegen. Dies ist abzulehnen, da Ziegen und Pferde keine adäquaten Sozialpartner sind. Die zu beobachtende vermeintliche Freundschaft der Tiere ist eine Fehlinterpretation. Es handelt sich vielmehr um eine Notlösung für die Tiere. Bevor überhaupt keine Interaktion möglich ist, wird ein ungeeigneter Sozialpartner akzeptiert.

Eine weitere tierschutzwidrige Haltungsform bei Pferden ist die dauerhafte Anbindehaltung, die auch als Ständerhaltung bezeichnet wird.

Ein großes Problem ist der Mangel an Beschäftigung der Tiere. Während Pferde früher als Arbeitstiere eingesetzt wurden, stehen sie heute häufig viele Stunden des Tages untätig in ihren Boxen. Mindestens stundenweise Bewegung in Koppel oder Auslauf sind daher nötig. Die Leitlinie sieht deshalb auch tägliche freie Bewegung für die Tiere vor. Aus der Untätigkeit ergibt sich ein weiteres Problem, insbesondere bei gelegentlichen Auftritten bei Hobbyturnieren. Die Tiere werden dann zu Leistungen angehalten, für die sie nicht ausreichend trainiert wurden, was dann häufig zu Gesundheitsproblemen führen kann. Regelmäßige und an die Leistungsfähigkeit angepasste Arbeit ist daher für den sportlichen Erfolg bei gleichzeitiger Gesunderhaltung des Pferdes unabdingbar.

Die Fütterung der Tiere sollte sich an den biologischen Bedürfnissen der Pferde orientieren. Pferde sind ursprünglich Steppentiere und bewegen sich dabei bis zu 16 Stunden täglich langsam im Schritt vorwärts, um die notwendige, meist extrem energiearme, rohfaserreiche Nahrung aufzunehmen. Erhaltungs- und Leistungsfutter müssen sich deshalb am tatsächlichen Bedarf ausrichten und sollten über möglichst viele kleine Portionen über den ganzen Tag verteilt werden. Kraftfutterrationen sollten, sofern nötig, in mindestens drei Tagesrationen angeboten werden. Das Futter sollte möglichst bodennah vorgelegt werden. Eine negative Beeinflussung durch Verunreinigungen muss dabei natürlich ausgeschlossen sein. Wasser muss den Tieren in ausreichender Menge und Qualität ständig zur Verfügung stehen. Dies muss auch im Winter gewährleistet sein; Schnee ist als Ersatz nicht geeignet.

Zu den regelmäßig durchzuführenden Pflegemaßnahmen gehört die Hufpflege durch fachkundige Personen. Das Scheren der Pferde muss sich an den tatsächlichen Notwendigkeiten orientieren. Das Entfernen von Sinnesorganen, wie zum Beispiel der Tasthaare aus ästhetischen Gründen, das sog. Clipping, ist verboten. Der Schenkelbrand sei hier ebenfalls kurz erwähnt. Aus tierschutzfachlicher Sicht gibt es dafür keinerlei Notwendigkeit, weshalb er abzulehnen ist, zumal die Kennzeichnung durch Mikrochip schonender und gesetzlich vorgeschrieben ist.

Pferdehaltung in Boxen

Die Mindestabmessungen der Boxen orientieren sich an der Widerristhöhe der Pferde. Die Mindestgrundfläche für ein Pferd berechnet sich nach der Formel $(2 \times \text{Widerristhöhe})^2$. Das bedeutet, dass in den Standardboxen mit Maßen von 3×3 m nur Pferde mit einer Widerristhöhe von höchstens 1,5 m eingestellt werden dürfen. Die Boxen müssen dabei nicht quadratisch sein, jedoch muss die kürzere Seite mindestens die 1,5-fache Widerristhöhe messen. Die lichte Höhe des Stallgebäudes muss mindestens die 1,5-fache Widerristhöhe betragen, bei Neubauten zumindest die 2-fache Widerristhöhe. Der Luftraum muss pro 500 kg Pferd mindestens 30 m^3 betragen. Elektroabgrenzungen in Boxen sind nicht zulässig. Die Fenster müssen, sofern sie aus zerbrechlichem Material bestehen und sich in Reichweite der Pferde befinden, gesichert sein. Leuchten, Elektrokabel und -anschlüsse sind gegen Beschädigungen durch die Pferde zu schützen, sofern sie für die Tiere erreichbar sind. Die Tiere müssen mindestens Sicht-, Hör- und Geruchskontakt zu Artgenossen haben.

Ein Außenboxenstall bietet etwas mehr Tiergerechtheit als die reine Boxenhaltung, da hier die Tiere an ihrer Umwelt teilhaben können. Zugleich werden die Luftverhältnisse im Stall durch die Luken verbessert. Eine weitere Verbesserung stellt der Boxenstall mit Kleinauslauf, den sogenannten Paddocks, dar.

Gruppenhaltung

Die tiergerechteste Form der Pferdehaltung ist zweifelsohne die Gruppenhaltung (Tab. 16). Die Pferde werden dabei üblicherweise in einem mehrteiligen Lebensraum gehalten, bestehend aus Stall bzw. Schutzraum, einem ständig zur Verfügung stehenden Auslauf und Weidegang je nach Jahreszeit, Witterung und Bodenverhältnissen. Das Pferd befindet sich im Herdenverband, kann sein Bewegungsbedürfnis im Auslauf und zeitweise auf der Weide ausleben und wählt seinen Aufenthaltsort geschützt unter Dach oder im Freien nach eigenem Belieben. Natürlich müssen auch bei dieser Haltungsform einige Bedingungen eingehalten werden. Die Pferde sollten zumindest an den Hinterhufen nicht beschlagen sein. Die Eingliederung neuer Gruppenmitglieder muss schrittweise und behutsam erfolgen, evtl. dauerhaft nicht integrierbare Tiere müssen separiert werden.

Tab. 16 Anforderungen und Empfehlungen zur Gruppenhaltung von Pferden

Haltungsanforderungen	Wert
Klima	
Luftfeuchtigkeit	60–80 %
Luftströmungsgeschwindigkeit im Tierbereich	mind. 0,1 m/s
CO_2 Gehalt als Schadstoffindikator	< 0,1 Vol %
Ammoniakgehalt der Luft	< 10 ppm
Schwefelwasserstoffgehalt	0 ppm
Temperatur	Außentemperatur
Frosttemperaturen sind kein Problem, sofern die Tiere sich an den Lauf der Jahreszeiten anpassen können	Wohlfühltemperatur 5–15 °C
Starke Hitze im Sommer ist durch geeigneten Witterungsschutz zu lindern	
Lichteinfallsfläche	$1/20$ der Stallfläche
Flächenmaße	
Offenlaufstall	
Liegeflächen bei integrierten Fressständen und ständigem Zugang zum Außenbereich	mind. 3 × Widerristhöhe[2]
Liegeflächen bei separaten Fressständen und ständigem Zugang zum Außenbereich	mind. 2,5 × Widerristhöhe[2]
Auslaufgröße je Tier	mind. 2 × (2 × Widerristhöhe)[2]
Fressstände	
Breite	0,8 m
Länge einschließlich Futtertrog	mind. 1,8 × Widerristhöhe
Krippensohle	$1/3$ × Widerristhöhe
Seitliche Transparenz der Zwischenwände	muss gegeben sein
Fütterung	mind. 3 × täglich
Raufutter	nach Bedarf
Kraftfutter	in kleinen Portionen
Stroh	zur Beschäftigung
Tränke	mind. 3 × täglich bis zur Sättigung, besser dauerhafter Zugang

Abb. 18
Aktiv-
laufstall.

Die Einzäunung der Ausläufe und Weiden muss gut sichtbar, stabil und möglichst ausbruchsicher sein. Stacheldraht als alleinige Einzäunung ist nicht geeignet und verboten.

Eine moderne Form der Gruppenhaltung stellt der sogenannte Aktivlaufstall dar (Abb. 18). Hier sind die einzelnen Funktionskreise weitläufig auf der Fläche verteilt, sodass die Tiere zwischen dem Stall mit dem Ruhebereich und der Wasser- bzw. Futteraufnahme möglichst große Distanzen zurücklegen und sich so möglichst naturnah bewegen müssen.

2.9 Kaninchen

Der Verzehr von Kaninchenfleisch spielt in Deutschland im Vergleich zu anderen Ländern eine geringe Rolle. Im Durchschnitt wird pro Person weniger als ein Kilogramm Kaninchenfleisch im Jahr konsumiert. Mehr als die Hälfte der Kaninchenfleischerzeugung in Deutschland findet nach wie vor in über 50 000 privaten Rasse- und Hobbykaninchenhaltungen statt, die die Tiere auch zu Erwerbszwecken halten. In Deutschland gibt es nur ca. 60 größere, hauptberufliche Kaninchenzucht- und -mastbetriebe. Kaninchen sind gesellige Tiere, die natürlicherweise in Höhlen leben, sich mit Hoppelsprüngen fortbewegen, immer wieder aufrichten und gerne erhöht liegen.

Rechtsgrundlagen

Ergänzend zu den Regeln für alle Nutztiere wurde 2014 ein eigener Abschnitt zur Kaninchenhaltung in die TierSchNutztV eingefügt. Darin wird verbindlich geregelt, wie die Haltungseinrichtungen auszugestalten sind und welche Mindestanforderungen bei der Versorgung von Zucht- und Mastkaninchen eingehalten werden müssen. Die Bundesregierung hat klargestellt, dass diese Regelungen für alle Kaninchenhaltungen gelten, die nicht ausschließlich der Selbstversorgung dienen. Sobald ein Kaninchenhalter mehr als 50 Kaninchen pro Jahr aufzieht und Fleisch beispielsweise auch im Bekanntenkreis abgibt, unterliegt die Kaninchenhaltung automatisch den Vorgaben der TierSchNutztV. Für noch kleinere Kaninchenhaltungen, also ca. weitere 350 000 Hobbyhaltungen, gelten dieselben Regeln zumindest indirekt als Beurteilungsmaßstab für die Einhaltung von § 2 TierSchG (Kapitel 1.2).

Anforderungen an die Sachkunde

Tierhalter, die Kaninchen zu Erwerbszwecken halten, müssen nicht nur sachkundig sein, sondern einen Sachkundenachweis vorlegen können. Dafür müssen dem Veterinäramt in einer Prüfung diverse Kenntnisse zur Biologie der Kaninchen, aber auch zu Erkrankungen oder Notbehandlungen u. Ä. nachgewiesen werden. Außerdem müssen Fertigkeiten beim sorgsamen Umgang mit Kaninchen, beim Einfangen, Verladen und Befördern und bei der tierschutzgerechten Tötung gezeigt werden (§ 35a TierSchNutztV). Ausnahmen von der Durchführung einer Prüfung sind bei langjähriger beanstandungsfreier Erfahrung in der Kaninchenhaltung oder bei bestimmten Berufsabschlüssen möglich.

Anforderungen an die Versorgung und Haltung aller Kaninchen

Wer Kaninchen zu Erwerbszwecken hält, muss seine Tiere zweimal am Tag kontrollieren und dabei kranke und verletzte Tiere im Bedarfsfall absondern. Außerdem müssen die Tränken der Tiere täglich auf Dichtigkeit kontrolliert werden. Sauberkeit, Desinfektionsmaßnahmen und die tägliche Entmistung der Unterbringung, wenn automatisierte Verfahren vorhanden sind, gehören ebenfalls zu einer ordnungsgemäßen Kaninchenhaltung.

Allen Kaninchen muss ständig Raufutter wie Stroh oder Heu und geeignetes Nagematerial angeboten werden. Tränkwasser muss immer zur Verfügung stehen. Um Rangkämpfe zu vermeiden, sollten Umgruppierungen der Tiere vermieden werden. Die Beleuchtung im Stall muss mindestens 40 Lux in Kopfhöhe der Tiere erreichen; direkte Sonneneinstrahlung sollte allerdings vermieden werden. Wenn ein künstliches Lichtprogramm anstelle oder ergänzend zum natürlichen Lichteinfall eingesetzt wird, dann muss es einem normalen 24-h-Rhythmus folgen, Dämmerungsphasen vorsehen und eine Nachtphase von mindestens acht Stunden einschließen. Während der Nachtphase muss die Lichtintensität 0,5 Lux betragen, damit sich die Tiere bei Bedarf orientieren können.

Alle Stallungen für Kaninchen müssen so ausgerüstet sein, dass sich Hitzestress vermeiden und überschüssige Feuchtigkeit ableiten lässt. Bei einer Außentemperatur von über 30 °C im Schatten darf die Raumtemperatur deshalb nicht dauerhaft mehr als 3 °C über der Außentemperatur liegen, und bei einer Außentemperatur von unter 10 °C darf die durchschnittliche relative Luftfeuchtigkeit innerhalb des Stalls im Laufe von 48 Stunden nicht über 70 % liegen. Außerdem soll der Ammoniakgehalt der Luft, in Kopfhöhe der Tiere gemessen, 10 ppm nicht überschreiten; über 20 ppm sind dauerhaft nicht erlaubt. Für den Kohlendioxidgehalt der Luft gilt, dass er nicht dauerhaft höher als 3000 ppm sein darf.

Alle Gebäude, in denen Kaninchen gehalten werden, müssen mit Öffnungen für natürlichen Lichteinfall ausgestattet sein. Ihre Gesamtfläche muss mindestens 5 % der Gebäudegrundfläche entsprechen und eine möglichst gleichmäßige Verteilung des Lichts ermöglichen. Ausnahmen davon bestehen nur für bestimmte Altgebäude. Gleichzeitig müssen alle Haltungseinrichtungen einen abgedunkelten Bereich haben, in den sich die Tiere zurückziehen können.

Für alle Kaninchen ist außerdem vorgeschrieben, dass es eine zweite, wenig perforierte Ebene in der Haltungseinrichtung geben muss, für deren Mindestgröße je nach Nutzungsrichtung unterschiedliche Maße vorgegeben sind (§ 32 Abs. 4 TierSchNutztV).

Die bislang üblichen Gitter auf der gesamten nutzbaren Bodenfläche sind nicht mehr zulässig. Heute zulässige Lochböden müssen grundsätzlich Auftrittsflächen haben, die mindestens so breit wie die Schlitze sind. Bei Mastkaninchen stellen 11 mm, bei Zuchttieren 14 mm die Mindestbreite für die Stege bzw. die Ober-

Abb. 19
Gruppen-
haltung
von Mast-
kaninchen
mit mehreren
Ebenen.

grenze für die Spalten- oder Lochweite dar. Für diverse Abmessungen und die zulässigen Anteile unterschiedlich perforierter Bodenflächen gelten mehrere Übergangsfristen bis Februar 2024.

Weitere Anforderungen an die Haltung von Mastkaninchen

Mastkaninchen dürfen grundsätzlich nicht einzeln gehalten werden (Abb. 19); Einzelhaltung ist nur aus gesundheitlichen oder verhaltensbedingten Gründen erlaubt. Jedem Mastkaninchen steht je nach Gruppengröße eine nutzbare Bodenfläche zwischen 700 und 1500 cm^2 zu. Jede einzelne Haltungseinrichtung muss eine Mindestfläche von 8000 cm^2 aufweisen und über 70 % der Grundfläche wenigstens 60 cm, an keiner Stelle aber unter 40 cm hoch sein. Bei portionierter Fütterung muss der Fressplatz so ausgelegt sein, dass alle Mastkaninchen gleichzeitig fressen können. Für jeweils höchstens fünf Mastkaninchen muss eine Tränkstelle vorhanden sein, wenn Selbsttränken verwendet werden.

Weitere Anforderungen an die Haltung von Zuchtkaninchen

Für jedes Zuchttier müssen je nach Gewicht 6000–7400 cm^2 Bodenfläche zur Verfügung stehen. Die Haltungseinrichtung muss zum größeren Teil mindestens 80 cm hoch sein. Sie darf nirgends weniger als 60 cm Höhe haben. Für die Häsinnen müssen rechtzeitig vor dem Werfen spezielle Nestkammern mit Nestmaterial und bestimmten Mindestmaßen zur Verfügung stehen. Bei portionierter Fütterung müssen die Zuchtkaninchen und ihre Jungtiere gleichzeitig fressen können. Werden Selbsttränken verwendet,

muss für jedes Zuchtkaninchen eine Tränkstelle vorhanden sein.
Die Häsin darf frühestens am 11. Tage nach der letzten Geburt
erneut gedeckt werden. Die Jungtiere dürfen in der Regel erst im
Alter von über 28 Tagen abgesetzt werden.

Aufzeichnungspflichten

Kaninchenhalter, die Tiere zu Erwerbszwecken mästen, müssen
eine tägliche und eine aufsummierte Mortalitätsrate für die
gesamte Mastperiode dokumentieren. Bei der Zucht muss der
Tierhalter ebenfalls Aufzeichnungen über Verluste und außerdem
den Zuchtverlauf, d. h. den Deck- und Wurfzeitpunkt, die Zahl
der Würfe und Jungtiere u. Ä., führen. Kommt es durch veren-
dete oder getötete Tiere zu mehr als 10 % Tierverlusten in einem
Mastdurchgang oder zu mehr als 12 % Jungtierverlusten in einem
Jahr, muss ein Tierarzt zur Abklärung der Ursachen hinzugezogen werden, und es sind Gegenmaßnahmen einzuleiten.

2.10 Fische

Seit jeher bedient sich der Mensch der Fische als Lebensmittel.
Während diese früher aus naturbelassenen, fließenden Gewäs-
sern, Seen und Weihern entnommen wurden, haben in den
letzten Jahren Aquakulturbetriebe an Bedeutung gewonnen
– nicht zuletzt durch den steigenden Bedarf der Bevölkerung.
Laut statistischem Bundesamt erzeugten die Aquakulturbetriebe
in Deutschland 2017 rund 36 200 Tonnen Fisch, Muscheln und
Aquakulturprodukte. In den Zuchtbetrieben werden überwiegend Forellen und Karpfen gehalten – häufig bis zur Speisereife.
Es gibt jedoch auch Vermehrungsbetriebe, in denen Setzlinge
zum Nachbesatz anderer Gewässer erzeugt werden.

Während beispielsweise Karpfen und Schleie ruhige, stehende
Gewässer bevorzugen, hält man Forellen und Saiblinge ihren An-
sprüchen an Wassertemperatur und Sauerstoffgehalt entsprechend
in permanent von Wasser durchfluteten Teichen oder Becken.

Rechtsgrundlagen

Anders als häufig vermutet gilt das Tierschutzgesetz auch für
Fische als Wirbeltiere. Auch für die Schlachtung gibt es wie bei
den Säugern Mindestanforderungen an die Handhabung der
Tiere. Dabei werden insbesondere ein schonender Umgang, eine

Abb. 20
Teich-
anlage
mit Netz
und Plane.

wirksame Betäubung und auch ein gekonnter Kiemenschnitt zur
Tötung des Tieres gefordert.

Die Fische werden zudem in der EU-Nutztierhaltungsricht-
linie explizit erwähnt. Diese Richtlinie legt Mindestnormen für
alle landwirtschaftlichen Nutztiere fest und fordert die Mitgliedstaaten der EU ausdrücklich dazu auf, die Umsetzung der
Richtlinie im Rahmen von Vorortkontrollen zu überwachen. Das
Augenmerk liegt bei der Sachkunde des Tierhalters und dessen
verantwortungsvoller Überwachung der Haltungseinrichtungen,
in denen seine Tiere leben. Wie bei allen Tieren gilt auch für
Fische: Den Tieren dürfen keine unnötigen Leiden und Schäden
zugefügt werden. Konkreter wird in diesem Punkt die nationale
TierSchNutztV (Kapitel 1.2), die beispielsweise den Schutz vor
Beutegreifern und widrigen Witterungseinflüssen vorgibt. Darun-
ter sind bei Fischen beispielsweise Netze gegen Graureiher oder
Kormorane und bei exponierter Lage Planen zur Beschattung zu
verstehen (Abb. 20).

Empfehlungen des Europarats für Aquakulturen

Während die erwähnte EU-Richtlinie, das TierSchG und die
TierSchNutztV bezüglich der Fische eher allgemein gehalten sind,
werden die Europaratsempfehlungen für die Haltung von Fischen
in Aquakultur konkreter: Zunächst sind grundlegende, scheinbar
selbstverständliche Regelungen aufgeführt, die sich insbesondere
an den Tierhalter richten. Dieser ist gefordert, Veränderungen im
Bestand, d. h. Hautveränderungen, Verhaltensauffälligkeiten oder

eine ungewöhnlich hohe Sterblichkeit zu erkennen und geeignete Maßnahmen zu ergreifen. Für derartige Feststellungen ist die mindestens tägliche Kontrolle der Anlagen erforderlich, um geeignete Schritte einleiten zu können. Hier sind zum einen Maßnahmen gemeint, die der Tierhalter selbst durchführen kann. Zum anderen ist er verpflichtet, Fachleute hinzuzuziehen, wenn die aufgetretenen Probleme nicht leicht behoben werden können.

Es wird in diesem Zusammenhang erwartet, dass der Tierhalter die entsprechende Sachkunde hat, um eine geeignete Haltung und Unterbringung der Tiere zu gewährleisten. Dies beinhaltet insbesondere Anforderungen an die Haltungseinrichtungen. Von diesen darf keine Verletzungsgefahr für die Tiere ausgehen. Auch die Wasserqualität und Hygiene in den Anlagen dienen letztendlich dem Tierschutz.

Schließlich reglementieren die europäischen Empfehlungen den Einsatz von Fischen bei öffentlichen Veranstaltungen, zum Beispiel Preisangeln; der Anspruch der Tiere auf Unversehrtheit ist klar formuliert. Emotional geführt wird seit Jahren die Diskussion um „Catch and release", das Fangen und Zurücksetzen von Fischen. Die Gerichte kommen dabei zu unterschiedlichen Bewertungen hinsichtlich der Einordnung, ob den Tieren dadurch bezogen auf § 17 TierSchG lang anhaltende erhebliche Schmerzen und Leiden zugefügt werden.

2.11 Wassergeflügel

In Deutschland werden jährlich ca. 16 Millionen Enten und 600 000 Gänse aufgezogen, gemästet und geschlachtet. Pro Person wird jährlich ungefähr ein Kilogramm Entenfleisch verzehrt.

Rechtsgrundlagen

Die Rechtsgrundlage bei der Wassergeflügelhaltung ist dadurch gekennzeichnet, dass neben den allgemeinen Regeln für die Nutztierhaltung ausschließlich auf ältere Europaratsempfehlungen für die Haltung von Peking-, Moschus- und Mulardenten bzw. Gänsen verwiesen werden kann sowie auf aktuelle freiwillige Vereinbarungen zur Entenhaltung des Geflügelwirtschaftsverbandes mit dem Land Niedersachsen zu Pekingenten aus dem Jahr 2015 bzw. zu Moschusenten von 2013. Diese Vereinbarungen gelten bundesweit als Richtwerte.

Anforderungen an die Betreuung von Enten

Aus den genannten freiwilligen Vereinbarungen ergibt sich u. a., dass Entenmast zu Erwerbszwecken nur von Personen betrieben werden darf, die ihre Sachkunde belegen können und sich regelmäßig fortbilden.

Entenherden müssen täglich zweimal in Augenschein genommen werden. Die tierärztliche Bestandsbetreuung muss vertraglich vereinbart sein, wobei mindestens vierteljährlich eine tierärztliche Bestandskontrolle stattzufinden hat. Zudem muss einmal pro Mastdurchgang eine externe fachkundige Person wie der Tierarzt oder ein Mästerbetreuer eine Bestandskontrolle durchführen.

Ergänzend dazu ist der Tierhalter verpflichtet, an einem Gesundheitssicherungsprogramm teilzunehmen. Dieses Programm beinhaltet u. a. die Erhebung durchgangsbezogener Indikatoren bei der Aufzucht und Mast bzw. bei der Schlachtung, insbesondere Tierverluste, Arzneimitteleinsatz, Paddelgesundheit und Mastendgewichte.

Es wird außerdem erwartet, dass die für eine Herde verantwortliche Person beim Einstallen der Küken und beim Ausstallen anwesend ist. Das Fangen und Verladen muss ruhig und in überschaubaren Gruppen geschehen. Enten dürfen nicht an den Beinen oder an einem Flügel gefangen oder angehoben werden. Man darf sie auch nicht hängend mit dem Kopf nach unten tragen.

Anforderungen an die Versorgung und Unterbringung von Enten

Enten müssen ständig Zugang zu geeignetem Futter und frischem Tränkwasser haben. Den Tieren muss jederzeit geeignetes Beschäftigungsmaterial in ausreichender Menge angeboten werden. Das Beschäftigungsmaterial muss von den Tieren veränderbar sein und sollte das Nahrungssuche- und -aufnahmeverhalten stimulieren, wie zum Beispiel täglich frisches Stroh.

Aufzucht und Mast von Pekingenten sollten in zwei räumlich getrennten Stalleinheiten durchgeführt werden; bei Moschusenten wird dies nicht verlangt.

Weitere Vorgaben betreffen die Troglängen und die Anzahl der Tränken, die Temperaturführung, den Schadgasgehalt in der Luft, die Belüftung und die Beleuchtung und ähneln den Vorgaben bei der Masthühnerhaltung. Moschusenten haben auch in den späteren Mastabschnitten einen höheren Temperaturbedarf als Pekingenten. Bei Pekingenten darf die Besatzdichte maximal 20 kg Lebendmasse pro m² nutzbarer Bodenfläche erreichen. Bei Moschusenten sind 25 kg/m² und unter bestimmten Bedingungen 35 kg/m² zulässig.

Der Boden in Ställen für Pekingenten muss zu mindestens 75 % eingestreut sein, wobei die Einstreu immer sauber und trocken gehalten werden muss. Unter den Wasserversorgungseinrichtungen muss deshalb das überschüssige Wasser abgeführt werden können. Perforierte Böden dürfen max. 25 % der nutzbaren Fläche ausmachen. Für Moschusentenhaltungen gilt davon abweichend, dass spätestens ab der fünften Lebenswoche der Tiere mindestens 20 % der Stallgrundfläche eingestreut sein müssen. Beim Neubau von geschlossenen Mastställen ist ein Außenklimabereich, also ein sogenannter Wintergarten, einzuplanen.

Wasserversorgung zur Gefiederpflege und Bademöglichkeiten für Enten

Enten benötigen einen Auslauf und Badewasser, um ihre biologischen Erfordernisse als Wasservögel erfüllen zu können. Wo dies nicht möglich ist, müssen die Enten mit Wasservorrichtungen versorgt werden, die so gestaltet sind, dass das Wasser den Kopf bedeckt und mit dem Schnabel aufgenommen werden kann, damit sich die Enten problemlos Wasser über den Körper schütten können (Abb. 21). Bereits die Europaratsempfehlungen verlangen, dass jede Ente die Möglichkeit hat, mit ihrem Kopf unter Wasser zu tauchen. Dafür geeignete Einrichtungen müssen den Pekingenten in der Mastphase, das heißt spätestens ab dem 22. Lebenstag zur Verfügung gestellt werden. Sowohl trichterförmige Wasserschalen als auch Flachbecken in dafür eingerichteten Komfortzo-

Abb. 21 Wasserversorgung für Enten.

nen haben sich als geeignet erwiesen. Bei Moschusenten sind die Vorgaben zur Wasserversorgung für die Gefiederpflege allgemeiner gehalten. Es werden auch Rinnentränken eingesetzt.

Managementbedingte Eingriffe bei Enten

Bei Pekingenten wird der Schnabel traditionell nicht gekürzt. Bei Moschusenten waren das Kupieren des Schnabels auf der Grundlage einer Ausnahmegenehmigung und das Kürzen der Krallen üblich. Beide Eingriffe sind inzwischen nach der niedersächsischen Moschusentenvereinbarung nicht mehr zulässig.

Um Federpicken oder Kannibalismus zu vermeiden, muss ständig Beschäftigungsmaterial angeboten werden. Dieses muss nach wenigen Tagen ausgewechselt werden, um für die Tiere attraktiv zu bleiben. Wenn dennoch Federpicken oder Kannibalismus bei Moschusenten auftreten, muss sofort gegengesteuert werden. Als geeignete Maßnahmen gelten u. a. die Erhöhung des Rohfaseranteils im Futter, Einstreu, wechselndes Beschäftigungsmaterial und verschiedene Futterzusätze. In der besonders kritischen Phase der Federreife bei Moschusenten, also in der 5. bis maximal der 8. Lebenswoche, kann eine Reduzierung der Lichtintensität bzw. das Vermeiden von Tageslichteinfall notwendig und dann auch zulässig sein. In anderen Mastabschnitten sind diese Maßnahmen nur vorübergehend und aufgrund einer tierärztlichen Indikation erlaubt.

Anforderungen an die Gänsehaltung

Nach den Europaratsempfehlungen in Bezug auf Hausgänse werden für die Gänsehaltung nicht nur sachkundige Betreuungspersonen und eine gründliche tägliche Kontrolle der Herde vorausgesetzt. Wie bei den Enten wird der Zugang zu einem Auslauf und zu Badewasser als notwendig eingestuft. Wenn ein solcher Zugang nicht möglich ist, müssen auch bei den Gänsen Wasservorrichtungen vorhanden sein, die ermöglichen, dass sich die Hausgänse problemlos Wasser über den Körper schütten können. Dazu sollten die Hausgänse die Möglichkeit haben, mit ihrem Kopf unter Wasser zu tauchen.

Alle Altersgruppen von Gänsen benötigen zumindest einen Witterungsschutz und bei längeren Frostperioden freien Zugang zu einem eingestreuten Schutzraum, der allen Tieren Platz bietet. Junggänse müssen außerdem jederzeit einen Unterstand aufsuchen können. Die Haltung von Hausgänsen in Ställen ohne freien Zugang zu einem Auslauf im Freien ist zulässig, erfordert aber eine gute Klimaführung und ein Lichtprogramm, das dem 24-h-Rhythmus angepasst ist.

Auch Gänse dürfen nicht mit dem Kopf nach unten oder nur an den Beinen getragen werden. Ihr Gewicht muss durch eine Hand unter ihrem Körper und einen Arm um den Körper, der die Flügel in geschlossener Position hält, gestützt werden.

Gewinnung von Federn und Stopflebern bei Enten und Gänsen
Gemäß den Europaratsempfehlungen ist das Rupfen von Federn bzw. Flaumfedern von lebenden Tieren weder bei Enten noch bei Gänsen erlaubt. Stopflebern von Enten oder Gänsen dürfen nur in den Ländern erzeugt werden, in denen dieses Verfahren Tradition hat. In Deutschland ist die Erzeugung von Enten- oder Gänsestopflebern nicht erlaubt.

2.12 Lamas und Alpakas

Lamas und Alpakas sind die domestizierten Formen der frei-lebenden Vikunjas und Guanakos und zählen gemeinsam mit diesen zu den Neuweltkameliden. Wie der Name schon sagt, stammen sie aus der Neuen Welt, also aus Südamerika. In ih-rer ursprünglichen Heimat werden die Lamas als Tragtiere und Fleischlieferanten gehalten, die Alpakas hingegen eher zur Woll-gewinnung. Vermutlich wurden die Tiere vor 6000–7000 Jahren domestiziert. Ihr natürlicher Lebensraum sind die Hochebenen der Anden, aber auch im Flachland finden die Tiere ein passen-des Umfeld.

In Deutschland findet die Haltung von Lamas und Alpakas in aller Regel als Hobby- und Freizeittierhaltung statt. Gewinn lässt sich ggf. mit der Zucht der Tiere erzielen, gelegentlich lässt sich auch die Wolle der Alpakas vermarkten. Die Tiere gelten nur als landwirtschaftliche Nutztiere, wenn sie zur Zucht-, Woll- oder Lebensmittelgewinnung genutzt werden.

Auch für Neuweltkameliden gilt, dass sich die Tierhalter die notwendige Sachkunde aneignen müssen (Kapitel 1.2). Dafür kann Fachliteratur genutzt werden; besser ist jedoch, die notwen-digen Kenntnisse und Fertigkeiten als Kombination aus Theorie und zum Beispiel in Form eines Lehrgangs oder Praktikums in einer geeigneten Tierhaltung zu erwerben. In manchen Einrichtungen kann auch der für erlaubnispflichtige Tätigkeiten notwendige Sachkundenachweis erworben werden.

Rechtsgrundlagen

Für die Haltung von Neuweltkameliden gibt es keine speziellen Rechtsvorgaben. Damit gelten die allgemeinen Grundsätze des TierSchG und der TierSchNutztV. (Kapitel 1.2 und 1.3) Zur Konkretisierung von § 2 TierSchG lassen sich außerdem Gutachten, Merkblätter und Leitlinien heranziehen. Dazu gehören das Säugetiergutachten des BMEL, das Merkblatt der TVT zur Haltung von Kameliden in Zirkussen und die Leitlinien des BMEL zur Haltung von Tieren in Zirkusbetrieben. Diese Texte werden auch von Gerichten als vorweggenommene Sachverständigengutachten herangezogen.

Fütterung und Haltungsbedingungen

Neuweltkameliden sind Herdentiere. Eine Einzelhaltung scheidet damit aus. Die Fütterung gestaltet sich vergleichsweise einfach: Heu, Gras, Obst, Gemüse, Kraftfutter werden nach Bedarf angeboten. Darüber hinaus muss den Tieren stets Astwerk zum Benagen angeboten werden, da die Schneidezähne der Neuweltkameliden ständig nachwachsen und sich sonst nicht abnutzen können. Ob der Zahnabrieb in ausreichender Weise stattfindet, gehört zu den regelmäßig durchzuführenden Untersuchungen. Bei Bedarf sind die Zähne abzuschleifen. Bei rationierter Fütterung muss mindestens zweimal täglich Futter angeboten werden. Ständiger Zugang zu Wasser in ausreichender Menge (15–20 l/Tag) und Qualität ist zu gewährleisten.

Neuweltkameliden als Wanderbegleiter und Therapietiere

Zunehmender Beliebtheit erfreut sich der Einsatz der Neuweltkameliden im „sozialen Einsatz". Die Bandbreite reicht dabei von touristischen Ausrichtungen wie Wanderungen mit Lamas bis zu therapeutischen Einsätzen bei Patienten mit körperlichen und geistigen Einschränkungen. Für den gewerbsmäßigen Einsatz zu diesen Zwecken muss bei der zuständigen Behörde eine Erlaubnis nach § 11 TierSchG beantragt werden (Kapitel 1.3). Sofern die Tiere zur Schau gestellt werden sollen, zum Beispiel im einem Streichelzoo (Kapitel 3.3) oder im Zirkus, ist ebenfalls ein Antrag nach § 11 TierSchG zu stellen. Voraussetzung für die Bewilligung des Antrags ist ein Sachkundenachweis, geeignete Betriebsräume sowie weitere Bedingungen wie die Zuverlässigkeit des Antragstellers.

Probleme mit Wolle und Fußpflege

Wiederkehrende Tierschutzprobleme mit Neuweltkameliden sind die Fußpflege und die Schur. Schwielensohler wie die Kameliden ziehen sich leichter Schnitt- und Risswunden an den Füßen zu als Huf- oder Klauentiere. Die Füße müssen daher regelmäßig überprüft und bei Bedarf auch behandelt werden. Bei wenig Bewegung der Tiere auf weichem Untergrund, zum Beispiel während der Aufstallungsphasen im Winter, kann es passieren, dass sich das Horn an den Zehen nicht ausreichend abnutzt. Überlanges Zehenhorn kann zu erheblichen Schmerzen und Leiden der Tiere sowie zu Fehlstellungen der Füße führen. Bei langanhaltenden Fehlstellungen können sich bleibende Schäden im Skelettsystem einstellen. Überlanges Zehenhorn ist daher rechtzeitig fachkundig zu kürzen (Abb. 22).

Auch nicht oder fehlerhaft durchgeführte Schur kann sich als Tierschutzproblem erweisen. Die Schur sollte in ein- bis zweijährigem Turnus erfolgen. Überlanges Vlies kann insbesondere in der warmen Jahreszeit zu erheblichen Kreislaufbelastungen führen. Die Schur stellt für Lamas und Alpakas auch bei gutem Kontakt zur Bezugsperson eine besondere Stresssituation dar. Immer wieder wird berichtet, dass Tiere dabei mit Stricken ausgebunden, ja sogar gestreckt werden. Solche Vorgehensweisen sind nicht akzeptabel und als Tierquälerei einzustufen. Zu empfehlen ist die sanfte, manuelle Fixation durch Hilfspersonen im Stehen oder beim liegenden Tier in Bauch- bzw. Seitenlage.

Abb. 22
Korrekt
gepflegte
Zehen.

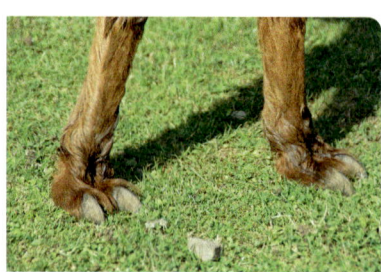

3 Tierschutzrecht bei bestimmten Tätigkeiten

3.1 Schlachten und Töten

Nutztiere werden am Ende ihres Lebens in aller Regel geschlachtet und so ihrer ursprünglichen (Masttiere) oder finalen Nutzung (zum Beispiel Milchkühe, Legehühner) zugeführt. Jedes einzelne Tier hat ein Recht darauf, so schonend wie möglich getötet zu werden. Landwirtschaftliche Tierhalter kommen mit dem Thema Schlachten und Töten von Tieren in unterschiedlichen Situationen in Kontakt. Unmittelbar findet dies bei der Nottötung von lebensschwachen oder schwer verletzten Tieren im eigenen Bestand statt. Die Schlachtung der Nutztiere wird meist an Schlachtstätten delegiert. Im Zuge der Diversifizierung der Betriebe und der damit einhergehenden Direktvermarktung kann die Schlachtung der eigenen Tiere aber wieder häufiger im eigenen Betrieb vorkommen. Ein glücklicherweise eher seltener Zusammenhang ist die Tötung von einzelnen Tieren oder ganzen Tierbeständen im Seuchenfall.

Rechtsgrundlagen
Das Schlachten und Töten von Tieren regeln die Verordnung (EG) Nr. 1099/2009 über den Schutz von Tieren zum Zeitpunkt der Tötung und die nationale Tierschutz-Schlachtverordnung (TierSchlV). Die nationale TierSchlV geht in einigen Punkten über die EU-Vorgaben hinaus. Es handelt sich um Inhalte, die bereits vor der aktuellen EU-Verordnung in Deutschland galten.

Allgemeine Regelungen
Grundsätzlich gilt auch für das Schlachten und Töten von Tieren der Grundsatz in § 1 TierSchG, wonach niemand einem Tier ohne vernünftigen Grund Schmerzen, Leiden oder Schäden zufügen darf (Kapitel 1.2). Damit ist auch der maximal mögliche Schaden, nämlich der Tod des Tieres, gemeint. Entscheidend sind hierbei die Ausnahmen, die sich aus dem sog. vernünftigen Grund ergeben. Die Nutzung von Tieren zum Zwecke der Nahrungsgewinnung für Menschen wird nach wie vor von der über-

wiegenden Mehrheit der Gesellschaft als ein solcher vernünftiger Grund angesehen. Werden Tiere allerdings ohne vernünftigen Grund getötet, ist das folgerichtig verboten und wird nach § 17 TierSchG als Straftat geahndet (Kapitel 4.1). Hierunter fällt zum Beispiel auch das Töten unerwünschter Katzenwelpen. Das Töten von lebensschwachen und moribunden Tieren in der landwirtschaftlichen Tierhaltung stellt dagegen einen Sonderfall und eine Pflicht nach § 4 Abs. 1 Nr. 3 TierSchNutztV dar.

§ 4 TierSchG stellt klar, dass ein Wirbeltier nur nach vorheriger Betäubung getötet werden darf (Kapitel 1.3). Das Schlachten von Tieren ist dabei eine Sonderform des Tötens, da hierbei der Tod durch Blutentzug am betäubten Tier herbeigeführt wird. Vom Betäubungsvorbehalt bei der Tötung eines Wirbeltieres darf nur abgewichen werden, sofern ein Notfall vorliegt oder nach einem Antrag von bestimmten Religionsgruppen, deren Glaube diesen zwingend eine betäubungslose Schlachtung vorschreibt (Kapitel 1.3). Das Antragsverfahren hierzu ist sehr aufwendig, und die Abwägung zwischen den beiden im Grundgesetz verankerten Grundwerten – dem Tierschutz einerseits und der Religionsfreiheit andererseits – ist sehr schwierig.

Sachkundepflicht und Sachkundenachweis

Jeder, der Wirbeltiere tötet, muss die dazu notwendigen Kenntnisse und Fähigkeiten besitzen. Wer Wirbeltiere berufs- oder gewerbsmäßig regelmäßig tötet, muss darüber hinaus einen Sachkundenachweis erbringen. Die notwendigen Kenntnisse und Fähigkeiten erstrecken sich auf die Handhabung und Pflege der Tiere vor der Ruhigstellung, also die Unterbringung im Wartestall, den Zutrieb zur Betäubungsbucht sowie das Ruhigstellen, also ggf. die Fixierung der Tiere vor der Betäubung, und die Betäubung selbst. Dem Erkennen einer unwirksamen oder nicht ausreichenden Betäubung kommt hier eine ganz entscheidende Rolle zu. Ein nicht ausreichender Betäubungserfolg muss sicher erkannt und die Nachbetäubung muss unverzüglich eingeleitet werden. Außerdem muss sichergestellt werden, dass sich die Tiere beim Töten tatsächlich in einem wahrnehmungslosen Zustand befinden. Auch das Einhängen und Hochziehen sowie das Ausbluten der Tiere sind weitere Inhalte der Sachkundeprüfung. Diese gliedert sich in einen schriftlichen, mündlichen und praktischen Prüfungsabschnitt.

Landwirte sind von der Notwendigkeit des Sachkunde-nachweises für das Töten lebensschwacher, nicht lebensfähi-ger oder schwer verletzter Tiere nur ausgenommen, wenn es sich um Einzelfälle im eigenen Tierbestand handelt, da dann keine Regelmäßigkeit besteht. Die notwendigen Kenntnisse und Fähigkeiten müssen aber vorhanden sein. In Betrieben mit größeren Tierzahlen wird diese Tätigkeit dagegen regel-mäßig anfallen, sodass dann auch der Sachkundenachweis zu erbringen ist.

Nottötung von Tieren im eigenen Bestand

Auch unter optimalen Haltungsbedingungen kommt es zu unheilbaren Erkrankungen oder lebensschwachen Jungtie-ren. Neben der gesetzlichen Verpflichtung, diese Tiere von ihren Leiden zu erlösen, stellt dies für Tierhalter oft eine große emotionale Hürde dar. Insbesondere bei kleineren Betrieben, in denen diese Tätigkeit eher selten zu erledigen ist, fehlt die Routine, was das Problem verschärft. Nicht in jedem Fall kann ein Tierarzt zur Euthanasie hinzugezogen werden. Daher sollten sich alle Tierhalter die notwendigen Kenntnisse und Fertigkeiten zur Nottötung aneignen. Au-ßerdem sollte ein funktionierendes und gewartetes Bolzen-schussgerät zur Betäubung sowie ein scharfes Messer zur unmittelbar anschließenden Entblutung in jedem Betrieb vorhanden sein. Alternativ dazu kann auch die Verwendung eines Rückenmarkzerstörers zur Tötung nach der Betäubung erwogen werden. Der Gesetzgeber lässt bei Tieren bis zu 5 kg Lebendgewicht auch einen stumpfen Schlag zur Betäu-bung zu. Bei Geflügel bis zu 5 kg Körpergewicht ist zudem der Genickbruch nach Betäubung erlaubt (Abb. 23).

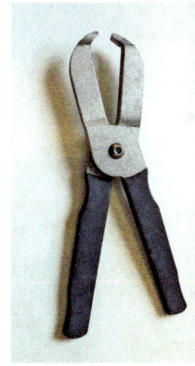

Abb. 23 Gerät-schaften für die Nottötung von Masthühnern.

Betäubung durch Bolzenschuss

Mit dem Bolzenschussgerät wird ein am Kopf des Tieres aufgesetzter Metallbolzen mithilfe einer Treibladung in das Gehirn der Tiere getrieben (Abb. 24). Durch die Ausbreitung der Energie des Bolzenschusses innerhalb des Schädels erfolgt eine extrem starke Gehirnerschütterung, die unmittelbar zur Bewusstlosigkeit des Tieres führt. Diese Empfindungs- und Wahrnehmungslosigkeit ist reversibel und die Tiere erwachen relativ schnell wieder. Durch eine Zerstörung von Gehirn-

Abb. 24
Bolzen-
schuss-
gerät.

arealen kann im Einzelfall auch der Tod des Tieres eintreten. Dies ist jedoch nicht die Regel. Es gibt unterschiedliche Hersteller, die Geräte in unterschiedlichen Stärken für verschiedene Tierarten und -größen anbieten. Allen Gerätetypen ist gemeinsam, dass bei der Auswahl der passenden, ausreichend starken Treibladungen große Sorgfalt geboten ist.

Bei der Ausführung des Bolzenschusses muss das Gerät so angesetzt und die Größe sowie die Auftreffenergie des Bolzens so bemessen sein, dass der Bolzen mit Sicherheit in das Gehirn eindringt (Abb. 25). Dabei ist es untersagt, Tieren in den Hinterkopf zu schießen. Dies gilt nicht für Schafe und Ziegen, sofern das Ansetzen des Schussapparates am Vorderkopf wegen der Hörner unmöglich ist. Der Schuss muss in diesem Fall in der Mitte des Kopfes direkt hinter der Hörnerbasis in Richtung Maul angesetzt werden. Der Bolzenschussapparat darf nur verwendet werden, wenn der Bolzen vor dem Schuss vollständig in den Schaft eingefahren ist.

Betäubung durch elektrische Durchströmung

Die Betäubung der Tiere erfolgt bei diesem Verfahren durch elektrische Gehirndurchströmung mit Hilfe einer Zange (Abb. 26). Damit der Stromfluss durch das Gehirn verläuft, müssen die Elektroden beidseitig am Ohrgrund oder an den Augenhöhlen angesetzt werden. Auf diese Weise wird ein epileptiformer Anfall ausgelöst, der unmittelbar zum Verlust der Wahrnehmungsfähigkeit des Tieres führt. Insbesondere beim Schwein findet häufig unmittelbar anschließend an die Kopf- eine elektrische Herzdurchströmung statt, wodurch ein irreversibles Kammerflimmern ausgelöst wird. Diese unblutige Methode (Kopf- mit anschlie-

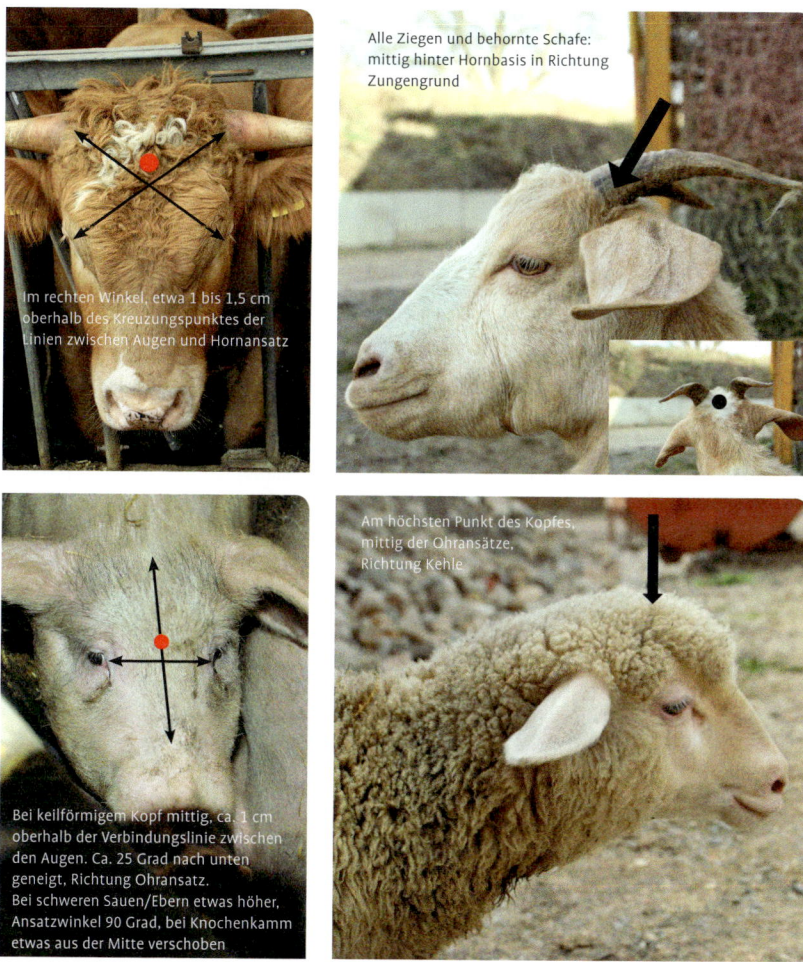

Alle Ziegen und behornte Schafe: mittig hinter Hornbasis in Richtung Zungengrund

Im rechten Winkel, etwa 1 bis 1,5 cm oberhalb des Kreuzungspunktes der Linien zwischen Augen und Hornansatz

Am höchsten Punkt des Kopfes, mittig der Ohransätze, Richtung Kehle

Bei keilförmigem Kopf mittig, ca. 1 cm oberhalb der Verbindungslinie zwischen den Augen. Ca. 25 Grad nach unten geneigt, Richtung Ohransatz.
Bei schweren Sauen/Ebern etwas höher, Ansatzwinkel 90 Grad, bei Knochenkamm etwas aus der Mitte verschoben

Abb. 25 Ansatzstellen Bolzenschuss.

ßender Herzdurchströmung) wird häufig bei Bestandstötungen im Tierseuchenfall angewandt. Bei der Schlachtung schließt sich dagegen an die elektrische Durchströmung ein Entbluteschnitt zur Tötung durch Blutenzug an.

Im Wesentlichen bestimmen fünf Parameter die Auswirkungen des elektrischen Stroms auf den tierischen Organismus:

Abb. 26
Elektrobe-
täubungs-
gerät.

Spannung, Stromstärke, die Dauer des Stromflusses, die Strom-
frequenz, sowie die Strombahn bzw. der elektrische Widerstand
der durchströmten Materie.

Eine besondere Bedeutung kommt dem Hautwiderstand und
dem Übergangswiderstand von den Elektroden auf die Haut zu.
Um eine Verbesserung des Stromflusses zu erreichen, sollten
deshalb bei Rind, Schaf und Ziege die Kontaktstellen am Kopf
und an der Brust vor der Durchströmung mit einer mindestens
5 %igen Kochsalzlösung unter Verwendung einer Bürste sorg-
fältig eingerieben werden. Schweine können vorher mit Wasser
befeuchtet werden. Von einem großflächigen Besprühen der
Tiere ist insbesondere bei Schafen Abstand zu nehmen. Grund
dafür ist, dass bei komplett befeuchteten Tieren nur ein geringer
Strom durch das Tier fließt, während der Hauptstromfluss über
die Körperoberfläche des Tieres von einer Elektrode zur anderen
stattfindet.

Ferner ist darauf zu achten, dass die Elektroden frei von Fett-
und Gewebsrückständen sowie von Haaren sind. Eine Reinigung
der Elektroden mit einer Drahtbürste muss daher konsequent
und regelmäßig durchgeführt werden. Die Elektroden sollen
scharfe Zacken tragen, damit sie durch das Eindringen in die
Haut einen guten Stromübergang gewährleisten können.

Eine geflügelspezifische Variante der elektrischen Betäubung
stellt die Durchströmung im Wasserbad dar. Die Elektrobetäubung
ist nicht zulässig bei Einhufern, Küken, Gatterwild sowie Pelztieren.

Betäubung durch Gase
Die Kohlendioxidbetäubung entspricht einer Inhalationsnarkose.
Bei einer Konzentration von 80 Vol.-% CO_2 in der Betäubungs-

anlage tritt die Wahrnehmungslosigkeit der Tiere innerhalb von 10–20 s ein. Der Beginn der Bewusstlosigkeit fällt in etwa mit dem Verlust des Stehvermögens zusammen. Nach diesem Zeitpunkt auftretende heftige Bewegungen erfolgen nicht mehr bei Bewusstsein der Tiere, sondern gehören zu den Auswirkungen der Betäubung (Exzitationsstadium). Die Betäubungsdauer hängt von der CO_2-Konzentration und der Verweilzeit der Tiere in der CO_2-Atmosphäre ab. Bei länger anhaltendem Verbleib in der CO_2-Atmosphäre tritt der Tod ein. Diese Methode wird bei der Seuchentötung von Geflügel angewandt. Für das relativ CO_2-tolerante Wassergeflügel ist das Verfahren allerdings ungeeignet und unzulässig.

Die Verwendung von Kohlendioxid ist zuletzt in die Kritik geraten, da der Zeitraum zwischen dem Beginn der Betäubungsphase und dem Einsetzen der Bewusstlosigkeit erhebliche Belastungen für die Tiere mit sich bringt. Kohlendioxid führt auf den Schleimhäuten der Tiere zur Bildung von Kohlensäure und wird deshalb als unangenehm und reizend wahrgenommen. Außerdem erleben die Tiere bis zur Bewusstlosigkeit ein intensives Gefühl der Atemnot. Die Verwendung von zum Beispiel Argon als Betäubungsgas würde diese Belastungen verhindern. Jedoch sind die Kosten für dieses Edelgas bedeutend höher.

Betäubung durch Kugelschuss

Der Kugelschuss wird regelmäßig bei der Tötung von Gatterwild angewendet. Dabei muss der Schuss so auf den Kopf des Tieres abgegeben und das Projektil über ein solches Kaliber und eine solche Auftreffenergie verfügen, dass das Tier sofort betäubt und getötet wird. Diese Vorgabe der TierSchlV ist allerdings aus tierschutzfachlicher Sicht kritisch zu hinterfragen. Untersuchungen zeigen, dass die Quote an Fehlschüssen aus unterschiedlichen Gründen hoch ist. Dadurch leiden angeschossene Tiere über längere Zeit erheblich, bis ein weiterer tödlicher Schuss angebracht werden kann. Zu diskutieren wäre, ob nicht auch ein bei der Ausübung der Jagd üblicher und geforderter Schuss auf das Herz (Kammerschuss) zugelassen werden könnte.

Der Kugelschuss auf Rinder ist nur zur Nottötung oder nach Einwilligung durch die zuständige Behörde im Einzelfall zur Tötung oder Betäubung von Rindern zulässig, die ganzjährig im Freien gehalten werden.

Kontrolle und Feststellung des Betäubungserfolges

Dieser Tätigkeit kommt eine zentrale Bedeutung im Zusammenhang mit der Schlachtung von Tieren zu. Jedes einzelne Tier hat laut TierSchG das Anrecht, in einem Zustand der Wahrnehmungs- und Empfindungslosigkeit geschlachtet bzw. getötet zu werden.

Bei erfolgreicher Betäubung eines Tieres müssen folgende Merkmale auftreten:

Bolzenschussbetäubung:

- sofortiges Niederstürzen
- starrer (tonischer) Krampf
- keine Aufstehversuche
- keine gerichteten Abwehrbewegungen
- Weitung der Pupillen
- keine gerichteten Augenbewegungen
- Ausfall der Atmung
- Ausfall des Lidschluss- (Corneal-)Reflexes
- je nach getroffenem Hirnareal unterschiedlich starke klonische, d. h. rhythmische Krämpfe, die kein Zeichen einer unzureichenden Betäubung sind

Elektrobetäubung:

- max. Streckung der Gliedmaßenmuskulatur
- Erschlaffung speziell der Hintergliedmaßen
- fehlender Cornealreflex
- Atem- und Herzstillstand (das Wiedereinsetzen der regelmäßigen Atmung deutet den Beginn der Erholung des Gehirns an)
- bei Geflügel: gesträubtes Halsgefieder innerhalb 30–40 s nach Beginn des Stromflusses

Betäubung durch CO_2:

- vollständiges Erschlaffen des Tierkörpers
- fehlender Cornealreflex
- dauerhafter Ausfall der Atmung
- keine Krämpfe (Konvulsionen) während der Entblutung

Beim geringsten Zweifel an der Betäubung muss unverzüglich eine Nachbetäubung erfolgen!

Elektrische Treibhilfen

Der Einsatz elektrischer Treibhilfen, sog. Viehtreiber, ist grundsätzlich verboten. Ausnahmsweise dürfen diese bei Rindern benutzt werden, die älter als ein Jahr, sowie bei Schweinen, die älter als vier Monate sind. Die Verwendung ist weiterhin beschränkt auf Tiere, welche die Fortbewegung im Bereich des Zutriebs zur Betäubung verweigern und die zugleich Raum zum Ausweichen haben. Die Stromanwendung darf dabei ausschließlich auf die Hintergliedmaßen erfolgen, und die Geräte müssen eine bauartbedingte Beschränkung der Dauer des Stromflusses auf 1 Sekunde aufweisen. Tierschonender wäre der vollständige Verzicht auf solche Hilfsmittel. Der Anwender sollte stattdessen mit Einfühlungsvermögen und Geduld den Tieren ausreichend Zeit zugestehen, sich an die ungewohnte und angsteinflößende Umgebung zu gewöhnen. Voraussetzung dazu ist die Einsicht, dass Tiere die Umgebung anders wahrnehmen als Menschen.

Entblutung

Beim Schlachtprozess werden die Tiere durch die geschilderten Verfahren lediglich betäubt. Der Tod tritt erst durch die unmittelbar folgende Entblutung ein (Tab. 17). Die Gesamtblutmenge beträgt etwa 6–8 % des Gewichtes eines Tieres. Angestrebt wird ein Ausblutungsgrad von 3–4 % der Lebendmasse. Der Tod tritt bei einem Blutverlust von 1,5–3 % des Körpergewichts ein.

Tab. 17 Höchstdauer zwischen Betäuben und Entbluteschnitt

Betäubungsverfahren	Zeit [s]
Bolzenschuss bei	
Rinder	60
Schafe und Ziegen in den Hinterkopf	15
Andere Tiere oder andere Schusspositionen	20
Elektrobetäubung warmblütiger Tiere	10 bei Liegendentblutung
	20 bei Entblutung im Hängen
CO_2-Betäubung	20 nach Verlassen der Betäubungsanlage
	30 nach dem letzten Halt in der CO_2-Atmosphäre

Das Betäuben und Töten nach Tierarten

Die am häufigsten angewandte Betäubungsmethode beim Rind ist der Bolzenschuss. Der korrekte Ansatzpunkt befindet sich ca. 1 Zentimeter oberhalb des gedachten Kreuzungspunktes zweier Verbindungslinien der gegenüberliegenden Augen und dem Hornansatz (Abb. 25). Der Entbluteschnitt sollte dabei als Bruststich erfolgen, da nur so eine ausreichend schnelle, schwallartige Entblutung sichergestellt werden kann.

Beim Schwein findet die Betäubung in kleinen und mittelgroßen Schlachtbetrieben in der Regel als Elektrobetäubung statt. Die Mindeststromstärke beträgt dabei 1,3 Ampere und muss bei schweren Tieren (Altsauen) erhöht werden. Die Mindeststromflussdauer beträgt 4 s. Große Schlachtbetriebe nutzen häufig die Betäubung mittels CO_2. Die Benutzung des Bolzenschussgerätes ist bei Schweinen nur zur Nottötung zugelassen.

Bei den kleinen Wiederkäuern findet sowohl die Elektro- als auch die Bolzenschussbetäubung statt. Die korrekten Ansatzstellen beim Bolzenschuss sind Abbildung 25 zu entnehmen. Zu beachten ist dabei, dass bei behornten Schafen und allen Ziegen der Schuss in den Hinterkopf notwendig wird, da die Stirn durch starke Knochenplatten geschützt wird. Bei der Elektrobetäubung muss eine Mindeststromstärke von 1 Ampere bei mindestens 4 s Stromflusszeit eingehalten werden.

Beim Geflügel erfolgt die Betäubung meist als Elektrobetäubung im Wasserbad. Bei kleinen Schlachtzahlen beispielsweise im Rahmen der Direktvermarktung ist auch die elektrische Kopfdurchströmung mit zangen- oder trichterartigen Vorrichtungen üblich. Die erforderliche Mindeststromstärke beträgt dann für Hühner 240 mA, bei Puten 400 mA. Bei Verwendung eines Wasserbades beträgt die Mindeststromstärke bei weniger als 200 Hertz 100 mA, bei Puten 250 mA und bei Wassergeflügel 130 mA. Der Stromfluss muss mindestens 4 s dauern.

Mobile Schlachtung

In jüngster Zeit ist das Thema mobile Schlachtung verstärkt in den Fokus interessierter Landwirte und Verbraucher getreten. Die Motivation ist klar und gut nachvollziehbar. Man möchte den Tieren an ihrem Lebensende möglichst schonend und mit so wenig Belastung durch Transport und ungewohnte Umgebungen wie irgend möglich begegnen. Diese Initiativen sind sehr zu begrüßen und zu fördern. Jedoch stellen sich häufig lebensmittelrechtliche und auch tierschutzfachliche Probleme ein.

Die Länder haben inzwischen für ihre Behörden Rahmenbedingungen für solche Konzepte erarbeitet. Landwirte, die sich überlegen, im Bereich der mobilen Schlachtung aktiv zu werden, sollten dringend rechtzeitig Kontakt zu der für sie zuständigen Behörde (i. d. R. das Veterinäramt) aufnehmen und sich dort die komplizierten Bedingungen erläutern lassen, da nicht alle Angebote der Hersteller von mobilen Schlachteinrichtungen rechtskonform eingesetzt werden können.

Abgabe trächtiger Tiere zur Schlachtung

Seit Juli 2017 ist die Abgabe trächtiger Säugetiere, mit Ausnahme von Schafen und Ziegen, im letzten Drittel der Trächtigkeit zur Schlachtung verboten (§ 4 des Tiererzeugnisse-Handels-Verbotsgesetzes – TierErzHaVerbG). Ausgenommen davon sind angeordnete Tötungen im Falle der Tierseuchenbekämpfung oder im Einzelfall nach tierärztlicher Indikation. In letzterem Fall muss das Tier von einer schriftlichen Bescheinigung des behandelnden Tierarztes begleitet werden. Diese Vorgabe kann insbesondere Halter von Weiderindern, bei denen der Bulle ganzjährig die Herde begleitet, vor Herausforderungen stellen. Im Zweifelsfall muss vor Abgabe zur Schlachtung eine Trächtigkeitsuntersuchung stattfinden. Zweck des Gesetzes war es, die Zahl der bundesweit hochträchtig zur Schlachtung gelangten Rinder, deren Zahl auf 125 000 pro Jahr geschätzt wurde, deutlich zu reduzieren.

3.2 Transportieren

Der Transport von Tieren hat aus wirtschaftlichen Gründen in den vergangenen Jahren stetig an Bedeutung gewonnen. Die unterschiedlichen Schwerpunkte der Nutzung landwirtschaftlicher Nutztiere in den verschiedenen Regionen Europas, die weltweite Zunahme der Bevölkerung und der insgesamt deutlich gestiegene Pro-Kopf-Verbrauch an Fleisch und Fleischprodukten sind Gründe für den Anstieg von innerstaatlichen Tiertransporten, aber auch über Ländergrenzen und Kontinente hinweg. So wurden aus Deutschland beispielsweise im Jahr 2017 knapp 80 000 Zuchtrinder auf direktem Weg in Drittländer ausgeführt.

Während bei den Veterinärbehörden die Meinung vorherrscht, dass innereuropäische Transporte in den vergangenen Jahren grundsätzlich einen akzeptablen Standard erreicht haben, kann dies für Transporte über lange Strecken, vor allem in Drittländer, nicht bestätigt werden. Medienberichte über schreckliche Zustände auf Langstreckentransporten reißen nicht ab. Nach Verlassen der Europäischen Union, teilweise aber auch schon in den europäischen Häfen, sind die Tiere Vernachlässigungen, Misshandlungen, Quälereien und Willkür ausgesetzt, die sich teilweise in den Zielländern noch fortsetzen.

Insbesondere dem Amtstierarzt kommt eine zentrale Bedeutung in diesem Zusammenhang zu, weil er nach Prüfung von Tieren, Reiseroute, Dokumenten und Fahrzeugen entscheidet, ob die Tiere die Fahrt antreten können oder nicht.

Rechtsgrundlagen

Durch die Verordnung (EG) Nr. 1/2005 über den Schutz von Tieren beim Transport wurden die Vorschriften zum Tiertransport vor einigen Jahren europaweit geregelt. Der Geltungsbereich der Verordnung ist klar definiert. Sie regelt den innergemeinschaftlichen Transport lebender Tiere, aber auch Transporte, die vom Gebiet der Europäischen Union in Drittländer abgefertigt werden, wobei die EU-Vorgaben bis zum Zielort gelten.

Die EG-Verordnung gilt immer dann, wenn der Transport einen wirtschaftlichen Zweck verfolgt. Dabei muss nicht zwingend Geld fließen, allein das Bestreben nach wirtschaftlichem Vorteil, d. h. die Gewinnabsicht, ist ausreichend. Tierärztlich angeordnete Fahrten zur Klinik oder Beförderungen im Hobbybereich fallen dagegen nicht in den Geltungsbereich der Verordnung.

Die ergänzende nationale Tierschutztransportverordnung (TierSchTrV) konkretisiert die Umsetzung der EU-Regelungen im Bundesgebiet, vor allem was die Ausbildung des Personals und die Anforderungen an Fahrzeuge, Behältnisse und Dokumentationen betrifft.

Fahrzeuge, Treibgänge und Umgang mit den Tieren

Jedes Transportfahrzeug muss bestimmte Mindestanforderungen an Bauart und Ausstattung als Voraussetzungen für einen schonenden Transport von Tieren erfüllen.

Mindestanforderungen an jedes Transportfahrzeug

Grundsätzlich sind Verletzungen und Leiden auf dem Fahrzeug zu vermeiden. Wetter- und Klimaeinflüsse sollten sich möglichst wenig auf die transportierten Tiere auswirken. Für eine wirksame Kontrolle bei Nacht müssen ausreichend Lichtquellen installiert sein. Das Entweichen der Tiere muss verhindert werden. Die Tiere müssen für Kontrolle und Pflege zugänglich sein; rutschfeste Bodenflächen geben den Tieren Halt. Auch eine ausreichende Luftzirkulation ist sicherzustellen.

Neben den technischen Anforderungen muss der Verantwortliche dafür Sorge tragen, dass möglichst keine tierischen Ausscheidungen austreten können, um die Ausbreitung von Krankheiten zu verhindern. An der hinteren Ladeklappe des Transportfahrzeuges ist ein Schild „Lebende Tiere" anzubringen, bei Transportbehältern an diesen selbst. Nach guter fachlicher Praxis sollte je nach Tierart und Dauer des Transports der Boden der Fahrzeuge eingestreut werden. Dabei ist entscheidend, dass die Tiere während des Transports nicht ausgleiten und die Verschmutzung der Tiere minimiert wird.

Der Höhe und Stabilität der Treibgänge kommt eine essenzielle Bedeutung zu. Es dürfen keine scharfkantigen Stellen vorhanden sein, die den Tieren Verletzungen zufügen könnten (Abb. 27). Grundsätzlich bewegen sich alle Spezies lieber vom Dunklen ins Helle, spiegelnde Oberflächen werden ebenso gemieden wie Lärm, das Rasseln von Ketten oder lautes Geschrei des Personals.

Auch in diesem Zusammenhang gilt, dass laut EG-Transportverordnung der lebenden Fracht keine unnötigen Leiden zugefügt werden dürfen. Deshalb ist es verboten, Tiere zu schlagen, sie zu treten, auf besonders empfindliche Stellen Druck auszuüben, Tiere an Hörnern, Ohren, Kopf, Beinen, am Schwanz oder am Fell hochzuheben und sie zum Beispiel mit Kränen hochzuwinden oder mit spitzen Gegenständen zu treiben. Der Einsatz von

Abb. 27 Geeignete Laderampe.

Abb. 28
Kontrolle
eines
Tiertrans-
portes auf
der Straße.

Elektrotreibgeräten ist analog zum Zutrieb beim Schlachten stark
reglementiert: Ihr Gebrauch ist prinzipiell zu vermeiden, die Geräte dürfen ausschließlich bei erwachsenen Rindern und Schweinen an den Hintervierteln eingesetzt werden, wenn die Tiere die
Vorwärtsbewegung völlig verweigern. Im Falle der Anwendung
muss nach vorne Platz zum Ausweichen sein. Reagiert das Tier
nicht, sind weitere Stromstöße zu unterlassen.

Sachkunde des Personals, Zulassungen, Dokumente

Grundsätzlich gilt, dass für Strecken über 65 km zum einen ein
Sachkundenachweis und zum anderen die Zulassung als Trans-
portunternehmer erforderlich sind. Die entscheidende Rolle
im täglichen Geschäft nimmt das für den Transport zuständige
Personal ein. Jeder, der also im Rahmen einer wirtschaftlichen
Tätigkeit Nutztiere über 65 km befördert, benötigt einen Befähi-
gungsnachweis zum Transport lebender Tiere. Der Besuch eines
Lehrgangs mit anschließender Prüfung ist bei der Beförderung
von Equiden, Rindern, kleinen Wiederkäuern, Schweinen und
Geflügel in der gesamten EU Pflicht.

Die Schulungsinhalte reichen von den rechtlichen Vorschriften
über biologische Standardwerte der Tierarten bis hin zu den Anforderungen an Fahrzeug, Verladetechnik und Transportfähigkeit
der Tiere. Diese Kurse müssen von gewerbsmäßigen Transporteuren und von Landwirten gleichermaßen besucht werden. Ferner

benötigen nicht nur die Fahrer, sondern auch die Betreuer von Tiertransporten diesen Nachweis. Dem Transportunternehmer kommt überdies die Aufgabe zu, nur ausgebildetes Personal einzusetzen und dieses regelmäßig zu schulen.

Für alle gewerblichen Transportfahrzeuge muss außerdem ein Desinfektionskontrollbuch geführt werden, wobei die Eintragungen in dieses Dokument unverzüglich zu erfolgen haben. Bei allen Transporten über 65 km und unter 8 h Transportdauer ist die Typ-1-Zulassung als Transportunternehmer mitzuführen.

Nur wenn Landwirte eigene Tiere in eigenen Fahrzeugen über eine Strecke von weniger als 50 km befördern, gelten lediglich die allgemeinen Bedingungen für den Transport, wie die Transportfähigkeit der Tiere u. a. In diesem Fällen entfällt der Sachkundenachweis bzw. die Zulassung als Transportunternehmer. Werden fremde Tiere bis zu 65 km transportiert, so ist im Fahrzeug ein Transportbuch mitzuführen, aus dem Herkunft bzw. Eigentümer der Tiere, Versandort, Beginn der Beförderung, voraussichtliche Transportdauer und der Bestimmungsort hervorgehen müssen.

Transportfähigkeit

Niemand darf eine Tierbeförderung durchführen oder veranlassen, wenn den Tieren dabei Verletzungen oder unnötige Leiden zugefügt werden – so Artikel 3 der Verordnung (EG) 1/2005. Im selben Artikel heißt es weiter, dass Transporte nur stattfinden dürfen, wenn die Tiere transportfähig sind. Doch wie stellt man die Transportfähigkeit fest? Grundsätzlich gilt: Ein Tier muss für die gesamte Dauer des Transports transportfähig sein (Kasten Standardwerte). Hat also der Verantwortliche Anhaltspunkte dafür, dass sich der Zustand des Tieres während des Transportes verschlechtern könnte, und zwar so gravierend, dass die Transportfähigkeit infrage steht, so ist auf ein Verladen zu verzichten.

Als nicht transportfähig gelten verletzte, kranke und geschwächte Tiere, d. h. solche, die sich nicht schmerzfrei und ohne fremde Hilfe bewegen können. Dazu zählen Tiere mit Organvorfällen, wie beispielsweise ein Gebärmuttervorfall beim Rind oder große Nabelbrüche bei Schweinen. Auch anhaltende Unruhe, Teilnahmslosigkeit, dauerhafte Futterverweigerung, Fieber und Schwächezustände deuten auf ernstzunehmende Beeinträchtigungen des Tieres hin.

Darüber hinaus gibt es Einschränkungen rund um die Trächtigkeit von Tieren und bei Jungtieren: So dürfen hochträchtige Tiere nicht transportiert werden, wenn sie bereits 90 % der Trächtigkeit hinter sich haben. Für Rinder bedeutet dies, dass sie in den letzten 30 Tagen vor dem errechneten Geburtstermin grundsätzlich nicht verladen werden dürfen. Weiderückholungen über kurze Distanzen sind hiervon ausgenommen. Das TierErzHaVerbG regelt zudem, dass Tiere – und hier geht es eigentlich ausschließlich um Rinder – im letzten Trächtigkeitsdrittel nicht zur Schlachtung abgegeben werden dürfen.

Innerhalb der ersten sieben Tage nach der Geburt können Muttertiere nicht transportiert werden. Neugeborene sind ebenfalls zu schonen: Kälber müssen dabei nach der deutschen Verordnung mind. 14 Tage alt sein. Ferkel unter drei, Lämmer unter einer Woche und weniger als zehn Tage alte Kälber dürfen nach EU-Recht max. 100 km transportiert werden. Werden während des Transports gravierende Einschränkungen bezüglich des Gesundheitszustandes von einzelnen Tieren festgestellt, gilt uneingeschränkt, dass nicht transportfähige Tiere nicht weiter transportiert werden dürfen.

Standardwerte zur Transportfähigkeit						
	Rinder	Kälber	Schweine	Ferkel	Schafe	Pferde
Atemfrequenz/min	16–30	30–40	8–25	20–50	10–15	8–16
Körpertemperatur [°C]	37,5–39,5	38,5–40,5	38–39,5	38,5–39,8	38,5–40	37,5–38,5
Wasserbedarf [l/Tag]	50–80	7–15	7–15	1–3	1,5–4	22,5–35,0

Lange Beförderung, Beförderungen in Drittländer, Beförderung mit Schiff und Flugzeug

Erwägungsgrund (5) der Verordnung 1/2005 fordert lange Beförderungen – auch von Schlachttieren – auf ein Mindestmaß zu reduzieren. Die hohe Anzahl der innerhalb der EU auf Langstrecken verbrachten bzw. in Drittländer ausgeführten Tiere lässt Zweifel daran aufkommen, dass dies auch in der Praxis beachtet wird. Bei Langzeitbeförderungen über 8 h gelten höhere Anforderungen an die Fahrzeuge. In diesem Fall wird nicht nur eine speziellere Zulassung (Typ 2) für den Transporteur, sondern auch für die Fahrzeuge benötigt.

Spezifische Anforderungen beim Transport von Rindern

Sei es der Transport zwischen zwei Betriebsstandorten über kurze Distanz, das Verbringen zwischen Mitgliedstaaten oder die Fahrt zum Schlachthof: Jede Art des Transports ist an bestimmte Regeln gebunden, die es zu beachten gilt. Ausschlaggebend sind dabei die Distanz und der Grund des Transports.

Beim Transport von Rindern gilt es zu beachten, dass es für die Altersklasse der erwachsenen Rinder abhängig von der Körpermasse Anforderungen an die Flächen gibt. Für ausgewachsene Rinder sind dies beispielsweise 1,3–1,6 m^2 (Tab. 18). Auch die lichte Höhe in den Etagen des Transportfahrzeuges muss gewährleisten, dass die Rinder sich nicht verletzen können. Die lichte Höhe über den Rindern sollte deshalb mind. 20 cm betragen, bei Bullen jedoch 50 cm nicht überschreiten, um ein Aufreiten und damit die Gefahr von Verletzungen zu verhindern. Grundsätzlich gilt, dass behornte und unbehornte Rinder, Tiere unterschiedlichen Geschlechts und auch Tiere aus verschiedenen Betrieben durch Trennvorrichtungen voneinander getrennt transportiert werden müssen, um Verletzungen, zum Beispiel durch Rangordnungskämpfe, zu verhindern.

Tab. 18 Übersicht Transportzeiten und Beispiele für Flächenbedarf nach dem EU-Tiertransportrecht

	Maximale Transportzeit [h bis zum Entladen]	Flächenbedarf pro Tier [m²]
Erwachsene Rinder (550 kg)	14+1(Versorgungspause)+14	1,3–1,6
Zuchtkälber	9+1(Versorgungspause)+9	0,3–0,4
Erwachsene Schweine	24	Alle Schweine müssen liegen und stehen können
Ferkel	9+1(Versorgungspause)+9	
Schafe (<55 kg) (geschoren/ungeschoren)	14+1(Versorgungspause)+14	0,2–0,3/0,3–0,4
Ziegen (35–55 kg)		0,3–0,4
Pferde	8+8+8 (dazwischen jeweils Versorgungspausen)	1,75

Spezielle Regelungen für den Transport von Kälbern

In der Milchviehhaltung ist es erforderlich, die Kühe jährlich abkalben zu lassen, um den bestmöglichen Nutzen für die Milchgewinnung zu erzielen. Ein Teil der Kälber wird zur Remontierung der Bestände gebraucht; Kälber von Fleischrassen, Bullenkälber, Zwillingskälber und solche mit unerwünschter Abstammung werden nicht zur Zucht verwendet, sondern gehen in die Mastbetriebe in unterschiedlichen europäischen Regionen. Die nicht abgesetzten Kälber müssen dabei nach der Verordnung (EG) 1/2005 mindestens 14 Tage alt und ihr Nabel abgeheilt sein. Die Fahrzeuge müssen eingestreut werden (Abb. 29). Pro Kalb sind in dieser Altersklasse 0,3−0,4 m² Fläche im Fahrzeug vorgeschrieben (Tab. 18). Ein ungelöstes Problem bei den Transporten über lange Strecken ist die Versorgung von nicht abgesetzten Kälbern auf den Transportfahrzeugen, weil es derzeit keine geeigneten technischen Vorrichtungen dafür gibt.

Abb. 29
Verladung
Kälber.

Der Transportstress, die ungewohnte Umgebung an den verschiedenen Aufenthaltsorten, das breit gefächerte Erregerspektrum jedes einzelnen Kalbes und der Wechsel der Elektrolyte und Tränksysteme wirken sich negativ auf das Kalb aus und sorgen häufig erst zeitversetzt nach der Ankunft der Kälber an den Zielorten für gesundheitliche Probleme.

Spezielle Anforderungen beim Transport von Schweinen

Beim Transport von Schweinen sind folgende Besonderheiten zu berücksichtigen: Schweinen muss auf dem Transport ständig Wasser zur Verfügung stehen. Weil sie außerdem empfindlich gegen Klimaschwankungen sind, ist es besonders wichtig, dass die Lüftungseinrichtungen der Transportfahrzeuge voll funktionsfähig sind. Die Ladeflächen sind üblicherweise mit Sägemehl einzustreuen.

Zum Treiben von Schweinen nutzt man meist Treiberammler oder Treibbretter. Beim Verladen macht man sich die Neugier der Schweine zunutze. Das Treiben funktioniert auch bei dieser Tierart deutlich besser, wenn man die Tiere vom Dunklen ins Helle treibt.

Im Hinblick auf die Ladedichte lässt sich immer wieder feststellen, dass Schweinetransporte in der Praxis überladen sind. Als Faustregel gilt: Alle Schweine müssen gleichzeitig stehen und liegen können, bei 100 kg schweren Tieren dürfen deshalb nach EU-Recht max. 235 kg/m^2 verladen werden. Es ist darauf zu achten, dass im Fahrzeug über den Köpfen ausreichend Platz ist. Bei Fahrzeugen mit automatischen Lüftungseinrichtungen kann dieser Zwischenraum verringert werden.

Schweine werden üblicherweise mehrstöckig verladen. Beim Hochfahren der Zwischenböden muss auf beiden Seiten des Fahrzeugs eine Person das Hochfahren überwachen, um ein Einklemmen von Gliedmaßen an den Wänden des Fahrzeugs zu verhindern. Wie in Ställen oder in den Wartebereichen im Schlachthof kann es sinnvoll sein, Schweine bei Hitze mit Wasser zu besprühen, um die Körpertemperatur abzusenken. Vorsicht: Sind die Schweine schon deutlich überhitzt, kann zu kaltes Wasser Kreislaufprobleme verursachen. Am effektivsten ist es, bei Hitze die Ladedichte zu verringern. Jedoch gibt es auch hier Grenzen. Grundsätzlich ist zu beachten: Zu viel Fläche ist genauso schlecht wie zu wenig Fläche, weil die Schweine in Kurven oder beim

Bremsen durch den Laderaum geschleudert werden könnten. Die Verordnung erlaubt deshalb eine Vergrößerung der Mindestbodenfläche um bis zu 20 %.

Spezielle Anforderungen an den Transport von Ferkeln

Nicht abgesetzte Ferkel brauchen nach 9 h Fahrt eine mindestens einstündige Pause, in der sie getränkt und auch gefüttert werden können (Tab. 18). Danach kann 9 h weiterbefördert werden. Anschließend müssen die Tiere an einer zugelassenen Kontrollstelle für 24 h abgeladen werden, um sich erholen zu können (Abb. 30). Während dieses Aufenthalts werden sie gefüttert und getränkt. Erst nach amtstierärztlicher Überprüfung der Transportfähigkeit darf der Transport fortgesetzt werden. Unter 10 kg schwere Ferkel dürfen ausschließlich in eingestreuten Fahrzeugen transportiert werden.

Anforderungen an den Transport von Schafen und Ziegen

Schon im Abschnitt über die Rinder wurde darauf eingegangen, dass behornte und unbehornte Tiere nicht im selben Abteil transportiert werden dürfen. Ausnahmen kann es bei aneinander gewöhnten Tieren aus derselben Herde geben. Darüber hinaus ist bei Schafen die Dicke des Vlieses entscheidend: Stark bewollte Schafe benötigen mehr Ladefläche als geschorene Tiere. Schafe

Abb. 30
Ferkel
an einer
Kontrollstelle.

darf man nicht am Vlies hochheben – die dadurch entstehenden flächenhaften Blutergüsse sind nicht nur schmerzhaft, sondern mindern insbesondere bei Schlachtschafen deutlich die Fleischqualität. Sägemehl ist bei dieser Tierart als Einstreu ungeeignet, weil Schafe am Boden liegend das Sägemehl einatmen könnten. In der Folge kann es dann zu Atemproblemen und Infektionen kommen.

Der Transporteur sollte den Flächenbedarf vor der Verladung berechnen, weil Schafe als Herdentiere die Angewohnheit haben, dass sie – sobald das erste Tier im Fahrzeug ist – diesem Leittier hinterher stürmen und sich übereinander drängen. Die irrtümliche Annahme, dass in dieser Situation aufgrund der freien Fläche noch weitere Schafe verladen werden können, hätte fatale Folgen. Neben diesen Besonderheiten wird aber bei den kleinen Wiederkäuern in erster Linie, wie auch bei den anderen Tierarten, das Körpergewicht für die Verladedichte zugrunde gelegt.

Spezielle Anforderungen an den Transport von Pferden

Es sei hier nochmals – wie bereits im allgemeinen Teil – darauf hingewiesen, dass die Vorschriften zum Transport im Kontext zum wirtschaftlichen Hintergrund des Transports gesehen werden müssen. Für die vom Tierarzt angeordnete Fahrt zur Klinik oder dem hobbymäßigen Transport beispielsweise zu einem gemeinschaftlichen Ausritt gelten nur die allgemeinen Bedingungen des TierSchG. Gleiches gilt auch für den privaten Turniersport, bei dem keine Preisgelder ausgelobt werden.

Relativ unübersichtlich stellen sich die Vorschriften zum Transport von Equiden – allen Pferdeartigen wie Pferde, Esel, Maultiere – dar. Der Gesetzgeber unterscheidet hier zwischen registrierten und nichtregistrierten Equiden. Registrierte Equiden sind solche, die in einem Stut- bzw. Zuchtbuch oder bei einer internationalen Wettkampforganisation eingetragen sind. Grundsätzlich muss ein Pferd bei einem Transport vom Equidenpass begleitet werden. Nach 2009 geborene Pferde müssen außerdem generell gechipt sein. Im Falle einer Kontrolle unterwegs durch Polizei oder Veterinäre haben diese so die Möglichkeit, die Identität des Pferdes zu kontrollieren. Außerdem muss der Transporteur einen Befähigungsnachweis und die Zulassung als Transportunternehmer vorweisen können, wenn die Tiere über mehr als 65 km transportiert werden.

Die sonst üblichen Zeitabstände für das Füttern und Versorgen gelten nicht für die Beförderung registrierter Equiden. Eine Besonderheit beim Pferdetransport ist, dass diese niemals mehrstöckig verladen werden dürfen. Das erklärt sich zum einen aus der Mindesthöhe des Laderaums von 75 cm über dem Widerrist, aber auch dadurch, dass Pferde etwa beim Hochfahren der Ebenen oder dem Geklapper der Hufeisen auf der oberen Ebene in Panik geraten würden.

Anforderungen an den Transport von Geflügel

Die größte Anzahl an transportierten Tieren sind Hühner auf dem Weg zu Betrieben oder zum Schlachthof. Eine Besonderheit der Geflügelwirtschaft ist, dass die Tiere bei größeren Stückzahlen zum Verladen von Fängertrupps gefangen und zum Abtransport in Kisten verladen werden und spezialisierte Transportunternehmen den Transport ausführen. In Deutschland dominieren wenige Großunternehmen den Markt von der Brüterei bis zum Schlachtbetrieb.

Der Fahrer des Transportfahrzeugs überprüft vor Fahrtbeginn, ob die Tiere transportfähig sind, die Kisten nicht überladen wurden und die Ladung gesichert ist. Bei Transporten über 12 h benötigen Hennen Wasser und Futter. Küken benötigen kein Futter und Wasser, wenn sie innerhalb der ersten 72 h den Bestimmungsort erreichen. Sie zehren in dieser Zeit von den Resten ihres Dottersacks.

Weitere Tierarten

Die Mindestanforderungen für den Transport von Kaninchen und Mastkaninchen hinsichtlich Bodenfläche, Höhe der Behältnisse und Besatzdichte richten sich nach dem Körpergewicht der Tiere. Diese Maße können in Anlage 1 der nationalen Tierschutztransportverordnung nachgelesen werden.

Im Gegensatz zum Transport bei anderen Tierarten gilt bei Fischen: Wer gewerblich bzw. über 65 km Fische transportiert, muss lediglich eine Schulung bei einer anerkannten Einrichtung absolvieren, aber keinen Sachkundenachweis beantragen. Der Besuch dieser Schulung muss attestiert und dieses Dokument mitgeführt werden. Fische werden in Spezialfahrzeugen transportiert, in denen die Temperatur der Behälter und der Sauerstoffgehalt reguliert werden können (Abb. 31).

Abb. 31
Verlade-
einrich-
tung für
den Fisch-
transport.

Die Behälter sollten die Tiere bestmöglich vor Witterungseinflüssen schützen. Sinnvollerweise sollte die Wasserqualität im
Transportfahrzeug ähnlich sein wie in dem Becken, aus dem die
Fische zuvor entnommen wurden. Das Schild „Lebende Tiere"
darf auch hier am Transportfahrzeug nicht fehlen. In der Fachliteratur sind ausführliche Hinweise zu Wasserwerten wie Sauerstoffgehalt und pH- Wert zu finden.

Anforderungen an den Transport von Neuweltkameliden
Für Lamas, Alpakas, Vikunjas und Guanakos gelten beim Stra-
ßentransport die sog. „Cites Guidelines", die von internationalen
Fachleuten in Zusammenarbeit mit Regierungs- und Nichtregie-
rungsorganisationen erstellt wurden und auch andere Fragestellungen der Neuweltkamelidenhaltung beinhalten (Kapitel 2.12).
Kurz zusammengefasst wird hier auf die Wichtigkeit der Grup-
penzusammensetzung und die Ausdehnung der Versorgungs-
intervalle bei langen Transporten hingewiesen. Zudem gelten
die allgemeinen Regelungen, dass unverträgliche Tiere und ge-
schlechtsreife Tiere nicht zusammen transportiert werden dürfen.
Interessant und sicher einzigartig: Es müssen Freiflächen innerhalb des Fahrzeuges vorhanden sein, die den Tieren bei Pausen
zugänglich gemacht werden müssen.

Ausblick

Seit der Ausstrahlung einiger bedrückender Fernsehberichte über die Zustände an europäischen Fährhäfen und Außengrenzen ist das Thema Tiertransport in jüngster Zeit wieder in die öffentliche Diskussion gelangt. Die Zulässigkeit und Sinnhaftigkeit dieser Transporte über so weite Strecken unter kaum prüfbaren Bedingungen wird von den für die Abfertigung zuständigen Amtstierärzten zunehmend hinterfragt und von Juristen kritisch beleuchtet.

Langfristig sollte es einen Kurswandel bei Zucht, Haltung und Vermarktung der landwirtschaftlich genutzten Tiere geben, um Langstreckentransporte auf ein Mindestmaß einzudämmen und ggf. auf bestimmten Routen gänzlich einzustellen, selbst wenn die Transporte rechtlich möglich wären.

3.3 Streichelzoos

Streichelzoos mit unterschiedlichen Tierarten sind ein beliebtes Mittel in Freizeitparks oder bei landwirtschaftlichen Betrieben, um Besuchern und Gästen eine Auflockerung zu bieten. Nicht nur bei Kindern ist der direkte Kontakt zu Tieren sehr geschätzt.

Rechtsgrundlagen

Bei Streichelzoos handelt es sich nach § 11 Abs. 1 Nummer 4 TierSchG um ein Zurschaustellen von Tieren, und diese Tätigkeit ist erlaubnispflichtig (Kapitel 1.9). Voraussetzung für die Erlaubniserteilung sind geeignete Haltungseinrichtungen und der Nachweis der Sachkunde für alle gehaltenen Tierarten durch eine für die Haltung verantwortliche Person.

Bedingungen für die Tierhaltung

Für Streichelzoos werden oft Haustiere wie Ziegen, Schafe, Ponys oder Esel – außer Eselhengsten – eingesetzt. Auch Geflügel, häufig alte Haustierrassen, werden gerne gezeigt. Zunehmender Popularität erfreuen sich aber auch Neuweltkameliden (Kapitel 2.12) oder Laufvögel. Die für diese Tierarten notwendige Sachkunde ist der erlaubniserteilenden Behörde nachzuweisen. Als Nachweis der notwendigen Kenntnisse und Fähigkeiten gilt eine abgeschlossene staatlich anerkannte oder sonstige Aus- oder Weiterbildung, die zum Umgang mit den Tierarten befähigt, auf die sich die Tätigkeit erstreckt, oder auch der bisherige berufliche oder sonstige Umgang mit Tieren, beispielsweise durch langjährige erfolgreiche Haltung der betreffenden Tierarten. Auch ein Fachgespräch unter Beteiligung des beamteten Tierarztes kann zum Erlangen des notwendigen Sachkundenachweises herangezogen werden.

Als Mindestanforderungen für die Haltungsbedingungen der unterschiedlichen Tierarten gelten die einschlägigen Bestimmungen der TierSchNutztV oder auch die zutreffenden Leitlinien und Gutachten des BMEL und anderer Organisationen, wie zum Beispiel der TVT. Jedoch wird das reine Einhalten von Mindeststandards dem Ziel eines Streichelzoos eher nicht gerecht. Der Streichelzoo soll das Schmuckstück und Aushängeschild des Betriebes sein, sodass die Mindestanforderungen aus eigenem Interesse normalerweise weit überschritten werden, insbesondere was Platzangebote und Arrangements der Tiergehege angeht.

Große Beachtung sollte dem Besucherverhalten im Zusammenhang mit der Fütterung der Tiere geschenkt werden. Das Mitbringen von Futter sollte strikt unterbleiben, um keine Verdauungsstörungen durch ungewohntes, verdorbenes oder ungeeignetes Futter zu provozieren. Die Besucher sind in der Regel gern bereit, hofeigene Futtermittel zu erwerben und nur diese zu verwenden (Abb. 32).

Abb. 32
Hinweisschild und Futterautomat im Streichelzoo.

Abgrenzung zum Zoo

Von Bedeutung ist außerdem die Abgrenzung des Streichelzoos (Abb. 33) von Zoologischen Einrichtungen. Nach der
EU-Zoo-Richtlinie bzw. dem Bundesnaturschutzgesetz (§ 42
Abs. 1) sind Zoos definiert als dauerhafte Einrichtungen, in denen lebende Tiere wild lebender Arten zwecks Zurschaustellung
während eines Zeitraumes von mindestens sieben Tagen im Jahr
gehalten werden. Nicht als Zoo gelten Gehege zur Haltung von
nicht mehr als fünf Arten von Schalenwild, das im Bundesjagdge-
setz aufgeführt ist, oder Einrichtungen, in denen nicht mehr als
20 Tiere anderer wild lebender Arten gehalten werden. Mit dem
Status als Zoo sind bestimmte Anforderungen an die Einrichtung
verbunden, wie zum Beispiel der Bildungsauftrag für die Bevölkerung, Forschungstätigkeiten bzw. die Nachzucht für die Erhal-
tung bedrohter Arten.

Solange in Streichezoos lediglich Haustier-Spezies gezeigt
werden, entsteht kein Konflikt mit den Anforderungen für Zoos
im Sinne des BNatSchG. Häufig werden jedoch auch diverse Vo-
gelspezies wildlebender Arten (Sittiche, Papageien) in größerer
Zahl präsentiert, was dann dazu führt, dass die Tierhaltung als
Zoo eingestuft werden muss.

Abb. 33
Übersichts-
foto
Streichel-
zoo.

4 Zur Durchsetzung des Tierschutzrechts

4.1 Behörden und die Durchsetzung des Tierschutzrechts

Im deutschen Tierschutzgesetz befasst sich ein ganzer Abschnitt mit der Durchführung des Gesetzes und ein weiterer Abschnitt mit den Straf- und Bußgeldvorschriften.

Überwachung durch die Behörden

Gleich an erster Stelle in der Aufzählung der Einrichtungen, die tierschutzrechtlich überwacht werden, stehen die Nutztierhaltungen einschließlich der Pferdehaltungen, gefolgt von den Schlachtstätten (§ 16 TierSchG). Die Überwachung wird grundsätzlich risikoorientiert durchgeführt, also je nach Bedarf aufgrund bekannter Risiken für die jeweilige Tierart, die Haltungsform oder den Tierhalter. Außerdem gibt es anlassbezogene Überprüfungen als Folge von Hinweisen, auffälligen Befunden oder anderen Verdachtsmomenten. Eine besondere Aufgabe bei der Durchsetzung des Tierschutzrechts kommt dem Amtstierarzt zu, dem per Gesetz ausdrücklich die Rolle des Sachverständigen zugewiesen wird (§ 15 Abs. 2 TierSchG).

Kooperations- und Auskunftspflichten der Tierhalter

Für alle Betroffenen bestehen Pflichten im Zusammenhang mit der behördlichen Überwachungstätigkeit. Es handelt sich dabei um Auskunfts-, Duldungs- und Mitwirkungspflichten. Die Kontrolltätigkeit der Behörden einschließlich der Einsicht von Unterlagen, Probennahmen und Bildaufnahmen – außer von Personen – muss nicht nur geduldet, sondern im Bedarfsfall unterstützt werden. Werden diese Pflichten nicht erfüllt, kann das mit einem Bußgeld von bis zu 5000 Euro geahndet werden kann. Allerdings muss der Kontrollierte sich selbst oder seine nächsten Angehörigen nicht belasten. Er muss deshalb über diese Regelung belehrt werden, wenn es Hinweise dafür gibt, dass er sich oder seine Angehörigen belasten könnte.

Rechte der Behörden

Durch § 16 TierSchG werden auch die Befugnisse der Behörde geregelt. Das betrifft insbesondere die Betretungsrechte. Für behördliche Überwachungszwecke dürfen alle Grundstücke, Räume, Wirtschaftsgebäude und Transportmittel, die zu einer Tierhaltung gehören, die der Überwachungspflicht unterliegt, während der üblichen Geschäftszeiten betreten und besichtigt werden. Mit den üblichen Geschäftszeiten sind dabei die Zeiten gemeint, bei denen in der Tierhaltung normalerweise gearbeitet wird. Deshalb können bei vielen Tierhaltungen durchaus vor oder nach den üblichen Bürozeiten Kontrollen durchgeführt werden, ohne eine besondere Gefährdungslage geltend machen zu müssen.

Zur Verhütung dringender Gefahren für die öffentliche Sicherheit und Ordnung sind auch außerhalb der genannten Zeiten Überwachungstätigkeiten möglich. Dringende Gefahren für die öffentliche Sicherheit und Ordnung sind neben Gefahren für die Gesundheit der Bevölkerung oder anderer Tiere auch eine dringende Gefahr für die Tiere selbst. Ein richterlicher Durchsuchungsbeschluss wird erst benötigt, wenn in privaten Wohnungen systematisch nach Tieren gesucht werden soll. Handelt es sich bei einer Kontrolle lediglich um das Betreten von Räumlichkeiten und eine Nachschau nach den Tieren, ohne regelrecht zu suchen, dann ist ein solcher Beschluss nicht notwendig.

Verwaltungsrechtliche Maßnahmen der Behörden

Die wichtigste Grundlage für das verwaltungsrechtliche Handeln der Tierschutzbehörden stellt die sog. tierschutzrechtliche Generalklausel in § 16a TierSchG dar.

> **§ 16a TierSchG**
>
> Die zuständige Behörde trifft die zur Beseitigung festgestellter Verstöße und die zur Verhütung künftiger Verstöße notwendigen Anordnungen. Sie kann insbesondere
>
> 1. im Einzelfall die zur Erfüllung der Anforderungen des § 2 erforderlichen Maßnahmen anordnen,
> 2. ein Tier, das nach dem Gutachten des beamteten Tierarztes mangels Erfüllung der Anforderungen des § 2 erheblich vernach-

> lässig ist oder schwerwiegende Verhaltensstörungen aufzeigt, dem Halter fortnehmen (...),
>
> 3. demjenigen, der den Vorschriften des § 2, einer Anordnung nach Nummer 1 oder einer Rechtsverordnung nach § 2a wiederholt oder grob zuwidergehandelt (...), das Halten oder Betreuen von Tieren einer bestimmten oder jeder Art untersagen (...).

Üblicherweise wird der erste Satz dieses Paragrafen so verstanden, dass die Behörde nicht nur handeln kann, sondern unter Beachtung des Verhältnismäßigkeitsgrundsatzes auch handeln muss, wenn das zur Beseitigung festgestellter oder künftiger Verstöße notwendig ist.

Die in § 16a aufgelisteten Maßnahmen kann man vereinfacht als Abfolge von Steigerungsmöglichkeiten verstehen. Ein Tierhalter wird in der Regel zunächst durch eine mündliche bzw. schriftliche Anordnung der Behörde dazu aufgefordert, Missstände zu beheben, also beispielsweise selbst für Futter und Wasser bei seinen Tieren zu sorgen. Eine solche Anordnung muss konkret formulieren, welche Schritte ein Tierhalter unternehmen muss. Der Anordnung muss eine Anhörung der verantwortlichen Person vorausgehen. Außerdem enthält die Anordnung Fristen, bis zu deren Ende die Missstände behoben sein müssen.

Wenn der Tierhalter innerhalb der Frist nicht erfüllt, was die Behörde verlangt, kann die Behörde u. a. ein Zwangsgeld verhängen oder jemand anderen zum Beispiel mit der Versorgung der Tiere beauftragen. Verschlechtern sich die Verhältnisse immer mehr, kann die Behörde schließlich eine Fortnahme der Tiere veranlassen. Das schließt nicht aus, dass in bestimmten Fällen Tiere auch sofort fortgenommen werden, wenn dies in einer konkreten Situation das einzige geeignete Mittel darstellt. In den meisten Fällen geht aber Fortnahmen monatelanges „Tauziehen" voraus. Dieses „Tauziehen" kann unter bestimmten Bedingungen dadurch verkürzt werden, dass die Behörde die sog. sofortige Vollziehung der Maßnahmen mitverfügt und begründet. Dann entfällt die aufschiebende Wirkung eines Widerspruchs (Kapitel 4.2). An Tierfortnahmen schließen sich häufig Tierhaltungs- und Betreuungsverbote an, wenn die genannten Voraussetzungen erfüllt sind. Solche Verbote nach § 16a TierSchG können auf Antrag des Betroffenen ggf. wieder aufgehoben werden.

Ein zentrales Element des Verwaltunghandelns ist der Verhältnismäßigkeitsgrundsatz. Dieses Prinzip verpflichtet die Behörde, bei jeder Maßnahme, bei der dieser Spielraum rechtlich besteht, ihr Ermessen auszuüben. Dies beinhaltet verkürzt dargestellt, dass von der Behörde immer geprüft werden muss, ob eine Maßnahme geeignet, erforderlich und verhältnismäßig ist. Geeignet ist eine Maßnahme, wenn sie zweckmäßig und zielführend ist. Erforderlichkeit bedeutet, dass eine Maßnahme zur Behebung oder Verhinderung von Verstößen nicht durch eine andere ebenso wirksame, aber weniger einschneidende Maßnahme ersetzbar ist. Außerdem muss die Maßnahme verhältnismäßig sein, weshalb geprüft und dargelegt werden muss, dass die Maßnahme zumutbar ist und nicht in einem Missverhältnis zu dem steht, was behoben werden soll. Diese pflichtgemäße Ermessensausübung führt dazu, dass die Behörde immer zuerst das sog. mildeste geeignete Mittel wählen muss, um rechtskonforme Zustände herzustellen.

Außerdem kann man festhalten, dass das verwaltungsrechtliche Handeln der Behörden durch Verwaltungsakte (Anordnungen oder synonym Verfügungen, Genehmigungen, Verbote) darauf abzielt, die Fortsetzung von Verstößen oder künftige Verstöße zu verhindern. Es ist also in die Zukunft gerichtet. Straf- und bußgeldrechtliche Regelungen beziehen sich dagegen immer auf Verstöße, die bereits geschehen sind. Straf- und Ordnungswidrigkeitenverfahren entfalten dadurch v. a. eine rückwärtsgewandte Wirkung. Insofern ergänzen sich das verwaltungsrechtliche Vorgehen und Bußgeld- bzw. Strafverfahren sinnvoll.

Straftaten im Tierschutzrecht

Strafrechtliche Bestimmungen gegen Tierquälerei gehören zu den älteren tierschutzrechtlichen Normen und wurden ab dem 19. Jahrhundert in die Rechtssetzung bzw. Rechtsprechung verschiedener Länder einbezogen.

Die Voraussetzungen für eine strafrechtliche Ahndung nach § 17 TierSchG sind dieselben wie für alle Straftaten. Gemeint sind bestimmte juristische Merkmale, wie die Erfüllung des Tatbestands, die Rechtswidrigkeit und die Schuldhaftigkeit. Zur Tatbestandserfüllung gehört, dass durch die Tat die im Paragrafen benannten Kriterien erfüllt werden (zum Beispiel länger anhaltend oder wiederholt, erheblich).

§ **§ 17 TierSchG**

Mit Freiheitsstrafe bis zu drei Jahren oder mit Geldstrafe wird bestraft, wer

1. ein Wirbeltier ohne vernünftigen Grund tötet oder

2. einem Wirbeltier
   a) aus Rohheit erhebliche Schmerzen oder Leiden oder
   b) länger anhaltende oder sich wiederholende erhebliche Schmerzen oder Leiden

zufügt.

Strafbarkeit erfordert außerdem, dass beim Täter bestimmte Voraussetzungen gegeben sind. Der Täter muss u. a. vorsätzlich oder bedingt vorsätzlich gehandelt haben. Vorsatz oder bedingter Vorsatz heißt, dass der Täter weiß, dass er die Tatbestandsmerkmale erfüllt und dies auch will bzw. billigend in Kauf nimmt. Deshalb muss beispielsweise im Falle der vorsätzlichen Tiertötung der Täter den Tod des Tieres als Folge seines Tuns erkannt und gebilligt haben. Vorsatz oder bedingten Vorsatz zu belegen, ist häufig schwierig. Zweckdienlich kann es sein, entsprechende spontane Äußerungen des Täters festzuhalten. Solche fallen gelegentlich, wenn ein Täter darauf hingewiesen wird, dass er einen schweren Rechtsverstoß begeht und er daraufhin spontan äußert, dass ihm das „gerade recht" oder „egal" sei.

Eine Straftat kann im Übrigen auch durch Unterlassung, also fehlende Pflege, unterbliebene Versorgung oder das Vermeiden anderer Maßnahmen wie beispielsweise eine sachgerechte Tötung, zustande kommen.

Ordnungswidrigkeiten nach dem Tierschutzrecht

Das Ordnungswidrigkeitenrecht, also Bußgeldverfahren und was damit zusammenhängt, wird gelegentlich als kleines Strafrecht bezeichnet. Anders als bei Straftaten kommen bei Ordnungswidrigkeiten neben natürlichen auch juristische Personen, d. h. auch ganze Unternehmen, als Täter in Betracht.

Ordnungswidrigkeiten können nur mit einem Bußgeld geahndet werden, wenn sie in einer der Auflistungen von Ordnungswidrigkeiten in § 18 TierSchG oder in den nationalen Verordnungen aufgeführt sind. In die Kataloge der Ordnungswidrigkeiten werden im Allgemeinen nur Sachverhalte aufgenommen, bei denen die Rechtsgrundlage ausreichend konkret ist. Eine große Rolle spielen außerdem die Rechtsverstöße, die den tierschutzrechtlichen Straftaten ähneln, aber beispielsweise die hoch umstrittene Erheblichkeitsschwelle nicht überschreiten oder fahrlässig begangen wurden – also durch mangelnde Sorgfalt, aber ohne Vorsatz zustande gekommen sind.

Die Verjährung tritt bei den tierschutzrechtlichen Ordnungswidrigkeiten, die mit einer Geldbuße bis 25 000 Euro geahndet werden können, nach drei, bei den Verstößen mit bis zu 5000 Euro Geldbuße nach zwei Jahren ein. Die Geldbuße soll höher sein als der wirtschaftliche Vorteil, den der Täter aus dem Rechtsverstoß gezogen hat.

4.2 Widerspruch und andere Rechtsmittel

Es ist ein zentrales Element von Rechtsstaaten, dass sich Betroffene gegen Entscheidungen der Verwaltung mit juristischen Mitteln, den sog. Rechtsbehelfen, zur Wehr setzen können. Sowohl bei Verwaltungsakten, also Anordnungen, Verboten und Ähnlichem, wie auch bei Bußgeldbescheiden besteht die Möglichkeit für den oder die Betroffenen, Rechtsbehelfe einzulegen. Dasselbe gilt für gerichtliche Entscheidungen, bei denen es ebenfalls gesetzlich festgelegte Rechtsmittel und einen dazugehörigen Rechtsweg zur Überprüfung der jeweiligen Entscheidung gibt.

Widerspruch

Der gängigste Rechtsbehelf gegen behördliche Entscheidungen ist der Widerspruch nach § 70 Verwaltungsgerichtsordnung (VwGO), der zunächst zur verwaltungsinternen Überprüfung der getroffenen Entscheidung führt. In der Regel entfaltet ein Widerspruch aufschiebende Wirkung, sodass der umstrittene Verwaltungsakt vorerst nicht wirksam wird, bis eine abschließende Entscheidung über den Widerspruch vorliegt. Die aufschiebende Wirkung eines Widerspruchs entfällt allerdings in bestimmten gesetzlich vorgesehenen Fällen. Von besonderer Bedeutung ist § 80 Absatz 2 Satz 2 Nummer 4 VwGO, der zum Tragen kommt, wenn die Behörde für ihre Entscheidung und die damit verbundenen Maßnahmen die sofortige Vollziehung angeordnet und konkret für den vorliegenden Fall begründet hat. Dies kann sie tun, wenn die schnelle Umsetzung der angeordneten Maßnahmen im öffentlichen Interesse liegt oder weil unvertretbare negative Auswirkungen durch zusätzlichen Zeitverzug beispielsweise für die betroffenen Tiere entstünden. Beispiele dafür sind die sofortige Vollziehung von Tierbestandsauflösungen, die anderweitige Unterbringung von Tieren oder Fortnahmen bei schwerster Vernachlässigung bzw. entsprechende Tierhaltungs- und Tierbetreuungsverbote.

In der Rechtsbehelfsbelehrung, die zu jedem Verwaltungsakt gehört, wird sowohl die Frist aufgeführt, bis zu deren Ende Widerspruch eingelegt werden kann, wie auch die Stelle, bei der dies geschehen muss. Die Widerspruchsfrist beträgt in der Regel einen Monat ab der Bekanntgabe des Verwaltungsaktes. Fehlt die Rechtsbehelfsbelehrung in einem Bescheid, verlängert sich die Widerspruchsfrist automatisch auf ein Jahr.

Im Anschluss an den Widerspruch prüft meistens zunächst die Behörde, gegen deren Entscheidung sich der Widerspruch richtet, ob sie ihre Entscheidung korrigiert. Falls dies nicht geschieht, prüft im weiteren Verlauf des Widerspruchsverfahrens die nächsthöhere Behördenebene den Fall. Falls die ursprüngliche Entscheidung aus Sicht des Betroffenen auch dann nicht ausreichend korrigiert wird, können der oder die Betroffenen Klage bei Gericht gegen die behördliche Entscheidung einreichen.

Wiedereinsetzung in den vorigen Stand

Falls jemand aus einem schwerwiegenden Grund – beispielsweise wegen einer Erkrankung – und damit ohne eigenes Verschulden eine Frist versäumt, kann unter bestimmten Bedingungen bei der Behörde beantragt werden, dass die Erfüllung der auferlegten Pflicht oder das Einlegen eines Rechtsbehelfs auch nach Fristablauf zulässig ist. Diese sogenannte Wiedereinsetzung in den vorigen Stand muss allerdings innerhalb von zwei Wochen nach dem Wegfall des Hinderungsgrundes, also beispielsweise nach der Rückkehr aus dem Krankenhaus, bzw. spätestens bis zu einem Jahr nach dem Ende der versäumten Frist erfolgen. In jedem Fall muss derjenige, der die Wiedereinsetzung beantragt, gegenüber der Behörde die Tatsachen „glaubhaft machen", also darlegen und zum Beispiel durch Vorlage ärztlicher Atteste untermauern.

Vorläufiger Rechtsschutz gegen Behördenentscheidung

Gegen Maßnahmen, für die seitens der Behörde die sofortige Vollziehung angeordnet wurde, um die aufschiebende Wirkung eines Widerspruchs zu unterbinden, kann ein Betroffener beim zuständigen Verwaltungsgericht die Wiederherstellung der aufschiebenden Wirkung seines Widerspruchs und damit den Aufschub des belastenden Verwaltungsaktes bis zur Entscheidung in der Hauptsache beantragen (§ 80 Abs. 5 VwGO). Der Antragsteller muss dabei sein Rechtsschutzinteresse darlegen. Der Antrag auf Wiederherstellung der aufschiebenden Wirkung ist zum einen dann begründet, wenn die behördliche Anordnung der sofortigen Vollziehung rechtswidrig war, weil beispielsweise die erforderliche Begründung fehlt oder inhaltlich unhaltbar ist. Außerdem hat der Antrag Erfolg, wenn zwar die formellen Voraussetzungen erfüllt sind, das Interesse des Betroffenen an der aufschiebenden Wirkung seines Widerspruchs das öffentliche Interesse oder das Interesse beispielsweise der Tiere an der sofortigen Vollziehung der Maßnahmen überwiegt. Die gerichtliche Prüfung des Antrags auf vorläufigen Rechtsschutz wird häufig als Eilverfahren bezeichnet. Das Ergebnis dieser Prüfung beinhaltet vor allem eine Entscheidung über die aufschiebende Wirkung eines eingelegten Widerspruchs, nicht jedoch über den gesamten Fall.

Gerichtliche Klage gegen Behördenentscheidung

Wenn es im Rahmen eines Widerspruchsverfahrens nicht zu einer Einigung zwischen der Behörde und dem sog. Rechtsunterworfenen kommt, dann kann der Betroffene – hier beispielsweise der Tierhalter, der die verfügten Maßnahmen nicht akzeptieren will – Anfechtungsklage beim Verwaltungsgericht gegen den als fehlerhaft empfundenen Verwaltungsakt und den Widerspruchsbescheid erheben. Auch dieser Schritt hemmt die Vollstreckung der angeordneten Maßnahmen, falls keine sofortige Vollziehung verfügt und ggf. während eines vorläufigen Rechtsschutzverfahrens aufrechterhalten wurde.

Wird gegen einen Bußgeldbescheid Einspruch erhoben, so prüft zunächst die Verwaltungsbehörde, die den Bußgeldbescheid erlassen hat, ob der Einspruch zulässig ist, also insbesondere fristgemäß eingelegt wurde, und ob sie den Bußgeldbescheid aufgrund des Einspruchs aufrechterhält oder zurücknimmt. Dieser als Zwischenverfahren bezeichnete Vorgang ist mit dem Widerspruchsverfahren in gewisser Weise vergleichbar, jedoch nicht identisch. Insbesondere bedarf es, wenn die Verwaltungsbehörde sich entschließt, den Bußgeldbescheid nicht aufzuheben, keiner Klage des Betroffenen gegen diese Entscheidung. Vielmehr legt die Verwaltungsbehörde den Vorgang von Amts wegen der Staatsanwaltschaft vor, die dann ihrerseits prüft, ob das Verfahren eingestellt werden soll oder nicht. Erfolgt keine Einstellung, so legt die Staatsanwaltschaft das Verfahren dem Strafrichter beim Amtsgericht vor, der dann durch Beschluss oder Urteil entscheidet.

Aufsichtsbeschwerden

Dienst- und Fachaufsichtsbeschwerden gehören zu den form- und fristlosen Rechtsbehelfen, mit denen eine vorgesetzte Person oder eine übergeordnete Behörde aufgefordert wird, das dienstliche Auftreten bzw. die Recht- und Zweckmäßigkeit der Amtsausübung eines Amtsträgers, also beispielsweise eines Amtstierarztes, zu überprüfen. Solche Aufsichtsbeschwerden werden üblicherweise als einfaches Schreiben bei der vorgesetzten Person oder einer übergeordneten Behörde eingereicht.

Verbandsklagerecht

In manchen Bundesländern wurden inzwischen Mitwirkungs- und Verbandsklagerechte für Tierschutzorganisationen eingeführt, die bestimmte Anforderungen erfüllen und dafür zugelassen worden sind. Damit soll erreicht werden, dass die Interessen der Tiere, die sich nicht selbst vertreten können, stellvertretend durch zugelassene Organisationen gegenüber den Behörden geltend gemacht werden können. Den Tieren soll damit eine gleichberechtigtere Position im Rechtssystem eingeräumt werden.

Service

Begriffserklärungen

Ahndung: Verfolgung eines Rechtsverstoßes in Form eines Bußgeldverfahrens.

Anordnung: hier synonym für Verfügung; Anweisung durch eine Behörde. Im Verwaltungsrecht ist die häufigste Form der Verwaltungsakt, der Bescheid genannt wird.

Anzeige: Mitteilung an eine zuständige Behörde.

Bescheid: Verwaltungsakt zur Mitteilung einer behördlichen Entscheidung, zum Beispiel Genehmigungsbescheid.

berufsmäßig: im Zusammenhang mit einem Berufsbild bzw. einer haupt- oder nebenberuflichen Tätigkeit.

Bußgeld: Geldbuße, vor deren Verhängen in der Regel ein Bußgeldverfahren, synonym Ordnungswidrigkeitenverfahren, durchgeführt werden muss.

Betäubung: Verfahren, das zur Wahrnehmungs- und Empfindungslosigkeit führt.

Eingriff: Maßnahmen, die physiologische Abläufe auf Zeit oder dauerhaft verändern oder die zu einer mehr oder weniger weitgehenden Störung der Unversehrtheit des Tieres führen.

erheblich: nach Art und Dauer gewichtige Beeinträchtigung, die aber nicht offensichtlich, also für jeden erkennbar sein muss.

fahrlässig: unter Missachtung der erforderlichen Sorgfalt pflichtwidriges Verhalten, aber ungewolltes Begehen einer Tat.

Fähigkeiten: die praktische Erfahrung, das praktische Können als Bestandteil der Sachkunde.

Fertigkeiten: das praktische Können als Bestandteil der Sachkunde.

gewerblich: steuerrechtlicher Begriff; nicht gleichbedeutend mit „gewerbsmäßig" im Sinne des TierSchG. Zur Klarstellung: Auch die Haltung landwirtschaftlicher Nutztiere kann steuerlich betrachtet gewerblich sein, wenn ein bestimmter Tierbesatz pro

Flächeneinheit nach dem Einkommenssteuergesetz i. V. mit dem Bewertungsgesetz (BewG) überschritten wird.

gewerbsmäßig: gewerbsmäßig im Sinne des Tierschutzrechts handelt, wer die entsprechende Tätigkeit selbstständig, planmäßig, fortgesetzt und mit der Absicht der Gewinnerzielung ausübt. Es muss dabei nicht tatsächlich ein Gewinn erzielt werden. Ausreichend ist bereits eine regelmäßige Deckung von Kosten. Nicht gleichbedeutend mit dem steuerrechtlichen Begriff „gewerblich".

grundsätzlich: hier in der Bedeutung von „im Prinzip", „in der Regel", wovon Ausnahmen möglich sind.

Kenntnisse: das theoretische Wissen als Bestandteil der Sachkunde.

Leiden: gesteigerte Unlustgefühle, hervorgerufen durch eine oder mehrere Einwirkungen unterschiedlicher Intensität bzw. Dauer. Leiden schließt alle seelischen Missbehagensempfindungen ein, die nicht vom Begriff des Schmerzes umfasst werden und ein gewisses Mindestmaß überschreiten. Auch Angst gehört zu den Missbehagensempfindungen, die Leiden bedeuten.

Mortalitätsrate: zur Mortalitätsrate zählen alle verendeten oder aufgrund von Krankheiten, Verletzungen o. Ä. getöteten Tiere.

Nottötung: die Tötung von verletzten Tieren oder Tieren mit einer Krankheit, die große Schmerzen oder Leiden verursacht, wenn es keine andere praktikable Möglichkeit gibt, diese Schmerzen oder Leiden zu lindern.

Ordnungswidrigkeit: Verletzung der Rechtsvorgaben, für die das Ordnungswidrigkeitengesetz als Ahndung eine Geldbuße vorsieht.

Sachkunde: die für eine Tätigkeit erforderlichen fachlichen Kenntnisse und praktischen Fähigkeiten.

Sachkundenachweis: ein schriftliches Dokument darüber, dass im Rahmen einer Prüfung die erforderlichen fachlichen Kenntnisse und praktischen Fähigkeiten erfolgreich nachgewiesen wurden.

Schächten: betäubungsloses rituelles Schlachten. Im Unterschied dazu ist rituelles Schlachten mit Betäubung kein Schächten im eigentlichen Sinne.

Schäden: bleibende Beeinträchtigungen der Unversehrtheit des Tieres, die sich organisch oder psychisch zeigen können. Dazu gehören neben Verletzungen, Organveränderungen und den sogenannten Technopathien auch die Ethopathien.

Schmerzen: ein unangenehmes Sinnes- und Gefühlserlebnis, das mit aktueller oder potenzieller Gewebeschädigung verknüpft sein kann.

Sedierung: Dämpfung von Funktionen des zentralen Nervensystems durch Beruhigungsmittel.

Tierärztliche Indikation: Als tierärztliche Indikation wird die durch einen Tierarzt aufgrund einer Diagnose festgestellte veterinärmedizinische Begründung für Eingriffe oder die Behandlung eines einzelnen Tieres oder einer Tiergruppe unter Berücksichtigung der konkreten Haltungsbedingungen und Expositionsrisiken verstanden. Eine tierärztliche Indikation kann auch – außer bei der Verabreichung von Antibiotika – prophylaktische Maßnahmen begründen.

Verfügung: im Tierschutzrecht zumeist synonym für Anordnung; Entscheidung oder Maßnahme einer Behörde (Verwaltungsakt), die in Form eines Bescheids nach außen bekannt gegeben wird.

unerlässlich: geeignet und gleichzeitig zwingend notwendig, also alternativlos.

unverzüglich: ohne schuldhaftes Verzögern, d.h. so schnell wie möglich und nach den Umständen zumutbar.

vorsätzlich: willentliche und wissentliche Verwirklichung eines Tatbestandes; bei bedingtem Vorsatz genügt es, den Verstoß und seine Folgen billigend in Kauf zu nehmen. In einem Strafverfahren muss der Vorsatz belegt werden.

zu Erwerbszwecken: Erwerbszwecke sind gegeben, wenn ein Tier zur Erzielung von Gewinn oder für eine Tätigkeit gehalten wird, für die ein Entgelt vereinbart oder üblich ist. Gewerbsmäßig muss die Tätigkeit nicht sein; eine dauerhafte Gewinnerzielungsabsicht muss ebenfalls nicht bestehen.

Weiterführende Dokumente und Literatur

Verwendete Rechtstexte

International

Empfehlungen für das Halten von Rindern; angenommen vom Ständigen Ausschuss auf dessen 17. Tagung am 21. November 1988

Empfehlungen für das Halten von Schafen; Ständiger Ausschuss des Europäischen Übereinkommens zum Schutz von Tieren in landwirtschaftlichen Tierhaltungen (T-AP); angenommen vom Ständigen Ausschuss auf dessen 25. Tagung am 6. November 1992

Empfehlungen für das Halten von Ziegen; Ständiger Ausschuss des Europäischen Übereinkommens zum Schutz von Tieren in landwirtschaftlichen Tierhaltungen (T-AP); angenommen vom Ständigen Ausschuss auf dessen 25. Tagung am 6. November 1992

Empfehlungen für das Halten von Rindern, Anhang C: besondere Bestimmungen für Kälber; angenommen vom Ständigen Ausschuss des Europäischen Übereinkommens zum Schutz von Tieren in landwirtschaftlichen Tierhaltungen auf dessen 26. Tagung am 8. Juni 1993

Empfehlungen in Bezug auf Haushühner der Art *Gallus gallus*; angenommen vom Ständigen Ausschuss des Europäischen Übereinkommens zum Schutz von Tieren in landwirtschaftlichen Tierhaltungen am 28. November 1995 auf seiner 30. Sitzung

Empfehlung in Bezug auf Hausgänse (*Anser anser f. domestica, Anser cygnoides* f. *domestica*) und ihre Kreuzungen; Ständiger Ausschuss des Europäischen Übereinkommens zum Schutz von Tieren in landwirtschaftlichen Tierhaltungen (T-AP); angenommen auf der 37. Sitzung des Ständigen Ausschusses am 22. Juni 1999

Empfehlung in Bezug auf Moschusenten (*Cairina moschata)* und Hybriden von Moschusenten und Pekingenten (*Anas platyrhynchos*); Ständiger Ausschuss des Europäischen Übereinkommens zum Schutz von Tieren in landwirtschaftlichen Tierhaltungen

(T-AP); angenommen auf der 37. Sitzung des Ständigen Ausschusses am 22. Juni 1999

Empfehlung in Bezug auf Pekingenten (*Anas platyrhynchos*); Ständiger Ausschuss des Europäischen Übereinkommens zum Schutz von Tieren in landwirtschaftlichen Tierhaltungen (T-AP); angenommen auf der 37. Sitzung des Ständigen Ausschusses am 22. Juni 1999

Empfehlung in Bezug auf Puten (*Meleagris gallopavo ssp.*); Ständiger Ausschuss des Europäischen Übereinkommens zum Schutz von Tieren in landwirtschaftlichen Tierhaltungen (T-AP); angenommen vom Ständigen Ausschuss am 21. Juni 2001

Empfehlung für das Halten von Schweinen; Ständiger Ausschuss des Europäischen Übereinkommens zum Schutz von Tieren in landwirtschaftlichen Tierhaltungen (T-AP), angenommen vom Ständigen Ausschuss am 2. Dezember 2004

Empfehlung für die Haltung von Fischen in Aquakultur; Ständiger Ausschuss des Europäischen Übereinkommens zum Schutz von Tieren in landwirtschaftlichen Tierhaltungen (T-AP); angenommen vom Ständigen Ausschuss am 5. Dezember 2005

Europäisches Übereinkommen vom 10. März 1976 zum Schutz von Tieren in landwirtschaftlichen Tierhaltungen (BGBl. 1978 II S. 113)

EU

Richtlinien

Richtlinie 98/58/EG DES RATES vom 20. Juli 1998 über den Schutz landwirtschaftlicher Nutztiere

Richtlinie 1999/74/EG DES RATES vom 19. Juli 1999 zur Festlegung von Mindestanforderungen zum Schutz von Legehennen

Richtlinie 2007/43/EG DES RATES vom 28. Juni 2007 mit Mindestvorschriften zum Schutz von Masthühnern

Richtlinie 2008/119/EG DES RATES vom 18. Dezember 2008 über Mindestanforderungen für den Schutz von Kälbern

Richtlinie 2008/120/EG DES RATES vom 18. Dezember 2008 über Mindestanforderungen für den Schutz von Schweinen

Verordnungen

Verordnung (EG) Nr. 589/2008 der Kommission vom 23. Juni 2008 mit Durchführungsbestimmungen zur Verordnung (EG) Nr. 1234/2007 des Rates hinsichtlich der Vermarktungsnormen für Eier

Verordnung (EG) Nr. 1/2005 des Rates vom 22. Dezember 2004 über den Schutz von Tieren beim Transport und damit zusammenhängenden Vorgängen sowie zur Änderung der Richtlinien 64/432/EWG und 93/119/EG und der Verordnung (EG) Nr. 1255/97

Verordnung (EG) Nr. 1099/2009 des Rates vom 24. September 2009 über den Schutz von Tieren zum Zeitpunkt der Tötung

National

Allgemeine Verwaltungsvorschrift zur Durchführung des Tierschutzgesetzes vom 9. Februar 2000 (BAnz. Nr. 36a vom 22. Februar 2000)

Gesetz über Naturschutz und Landschaftspflege (Bundesnaturschutzgesetz) vom 29. Juli 2009 (BGBl. I S. 2542), zuletzt durch Artikel 7 des Gesetzes vom 17. August 2017 (BGBl. I S. 3202) geändert, zuletzt durch Artikel 4 des Gesetzes vom 7. August 2013 (BGBl. I S. 3207) geändert

Gesetz zur Durchführung unionsrechtlicher Vorschriften über Verbote und Beschränkungen hinsichtlich des Handels mit bestimmten tierischen Erzeugnissen sowie zu Haltungs- und Abgabeverboten in bestimmten Fällen (Tiererzeugnisse-Handels-Verbotsgesetz) vom 8. Dezember 2008 (BGBl. I S. 2394), zuletzt durch Artikel 2 des Gesetzes vom 30. Juni 2017 (BGBl. I S. 2147) geändert

Tierschutzgesetz (TierSchG) in der Fassung der Bekanntmachung vom 18. Mai 2006 (BGBl. I S. 1206, 1313), zuletzt durch Artikel 1 des Gesetzes vom 17. Dezember 2018 (BGBl. I S. 2586) geändert

Tierschutz-Hundeverordnung vom 2. Mai 2001 (BGBl. I S. 838), durch Artikel 3 der Verordnung vom 12. Dezember 2013 (BGBl. I S. 4145) geändert

Verordnung zum Schutz landwirtschaftlicher Nutztiere und anderer zur Erzeugung tierischer Produkte gehaltener Tiere bei ihrer Haltung (Tierschutz-Nutztierhaltungsverordnung) in der Fassung der Bekanntmachung vom 22. August 2006 (BGBl. I S. 2043), zuletzt durch Artikel 3 Absatz 2 des Gesetzes vom 30. Juni 2017 (BGBl. I S. 2147) geändert, durch Artikel 1 der Verordnung vom 5. Februar 2014 (BGBl. I S. 94) geändert

Verordnung zum Schutz von Tieren beim Transport und zur Durchführung der Verordnung (EG) Nr. 1/2005 des Rates (Tierschutztransportverordnung) vom 11. Februar 2009 (BGBl. I S. 375), zuletzt durch Artikel 9 Absatz 14 des Gesetzes vom 3. Dezember 2015 (BGBl. I S. 2178) geändert, durch Artikel 7 der Verordnung vom 12. Dezember 2013 (BGBl. I S. 4145) geändert

Verordnung zum Schutz von Tieren im Zusammenhang mit der Schlachtung oder Tötung und zur Durchführung der Verordnung (EG) Nr. 1099/2009 des Rates (Tierschutz-Schlachtverordnung) vom 20. Dezember 2012 (BGBl. I S. 2982)

Bundesrats-Drucksache 10/14: Unterrichtung durch die Bundesregierung: Stellungnahme der Bundesregierung zu der Entschließung des Bundesrates zur Fünften Verordnung zur Änderung der Tierschutz-Nutztierhaltungsverordnung

Gutachten, Empfehlungen, Leitlinien

Bundeseinheitliche Eckwerte für eine freiwillige Vereinbarung zur Haltung von **Mastputen**, März 2013

Empfehlungen für die saisonale und ganzjährige **Weidehaltung von Rindern**; Niedersächsisches Ministerium für Ernährung, Landwirtschaft und Verbraucherschutz und LAVES-Tierschutzdienst, 2000

Empfehlung für die Haltung von **Schafen und Ziegen** der Deutschen Gesellschaft für die Krankheiten der kleinen Wiederkäuer, Fachgruppe der DVG, 2012

Empfehlungen für die ganzjährige und saisonale Weidehaltung von **Schafen**; LAVES-Tierschutzdienst, Niedersachsen, 2009

Empfehlungen zur Verhinderung von Federpicken und Kannibalismus bei Jung- und Althennen; Niedersächsisches Ministerium für Ernährung, Landwirtschaft und Verbraucherschutz, 2017

Freilandhaltung von **Mutterkühen**, Bildungs- und Wissenszentrum Aulendorf für Viehhaltung, Grünlandwirtschaft, Wild und Fischerei, Baden-Württemberg, 2010

Gutachten zur Auslegung von § 11b des Tierschutzgesetzes (Verbot von **Qualzüchtungen**) der Sachverständigengruppe Tierschutz und Heimtierzucht beim BMELF (2. Juni 1999)

Leitlinien des BMELV zur Beurteilung von **Pferdehaltungen** unter Tierschutzgesichtspunkten (9. Juni 2009)

Leitlinien für den Tierschutz im **Pferdesport**, Arbeitsgruppe Tierschutz und Pferdesport beim BML (1. November 1992)

Leitlinie zur effizienten und umweltverträglichen **landwirtschaftlichen Wildwiederkäuerhaltung**; Thüringer Ministerium für Landwirtschaft, Naturschutz und Umwelt, 2007

Stellungnahme zu den Regeln für die **Haltung von Nutz-, Rasse- und Hobbykaninchen** nach der Tierschutznutztierhaltungsverordnung, Stabsstelle Landesbeauftragte für Tierschutz in Baden-Württemberg, 2015

Tierschutzleitlinie für die **Milchkuhhaltung**; Niedersächsisches Ministerium für Ernährung, Landwirtschaft und Verbraucherschutz und LAVES, 2007

Tierschutzleitlinie für die Mastrinderhaltung; Niedersächsisches Ministerium für Ernährung, Landwirtschaft und Verbraucherschutz, 2018

Vereinbarung zur Verbesserung des Tierwohls, insbesondere zum **Verzicht auf das Schnabelkürzen** in der Haltung von Legehennen und Mastputen vom 9. Juli 2015

TVT-Merkblätter: https://www.tierschutz-tvt.de/index.php?id=50

KTBL-Fachpublikationen: https://www.ktbl.de/

Weiterführende Bücher

Benz, B., Richter, A., Richter, T. (2017): Rinder gesund halten: Kälberaufzucht, Klauengesundheit, Fruchtbarkeit. Verlag Eugen Ulmer, Stuttgart.

Gauly, M., Vaughan, J., Cebra, C. (Hrsg.) (2018): Neuweltkameliden – Haltung, Zucht, Erkrankungen. Verlag Thieme, Stuttgart, 4. Auflage.

Gayer, R., Rabitsch, A., Eberhardt, U. (2016): Tiertransporte. Verlag Eugen Ulmer, Stuttgart.

Grandin, T. (Ed.) (2010): Improving Animal Welfare – a practical approach. CAB International, Wallingford.

Hirt, A., Maisack, C., Moritz, J. (2016): Tierschutzgesetz, Kommentar. Verlag Franz Vahlen, München, 3. Auflage.

Hoy, S. (Hrsg.) (2009): Nutztierethologie. Verlag Eugen Ulmer, Stuttgart.

Jäger, C. (2018): Tierschutzrecht – Eine Einführung für die praktische Anwendung aus amtstierärztlicher Sicht. Verlag R. Boorberg, Stuttgart, 2. Auflage.

Kluge, H.-G. (Hrsg.) (2002): Tierschutzgesetz, Kommentar. Verlag W. Kohlhammer, Stuttgart.

Lorz, A., Metzger, E. (2008): Tierschutzgesetz, Kommentar. Verlag C. H. Beck, München, 6. Auflage.

KTBL-Schrift 446 (2006): Nationaler Bewertungsrahmen Tierhaltungsverfahren. Kuratorium für Technik und Bauwesen in der Landwirtschaft, Darmstadt.

Richter, T. (Hrsg.) (2006): Krankheitsursache Haltung. Enke Verlag, Stuttgart.

Sambraus, H. H., Steiger, A. (1997): Das Buch vom Tierschutz. Enke Verlag, Stuttgart.

Register

Bildquellen

Titelfoto: Zoonar/arames
Dr. Cornelie Jäger: Seite 11, 60, 61, 63, 64, 83, 95
Dr. Peter Reithmeier: Seite 40, 48 (unten), 70 (beide), 71, 85, 105, 106, 110, 112, 115
Dr. Wilhelm Hornauer: Seite 32, 36, 37, 51, 52, 75, 80, 92, 96, 97, 98, 117, 118
Hochschule Osnabrück: Seite 88
LSZ Boxberg: Seite 48 (oben)

Impressum

Bibliografische Information der Deutschen Nationalbibliothek
Die Deutsche Nationalbibliothek verzeichnet diese Publikation in der Deutschen Nationalbibliografie; detaillierte bibliografische Daten sind im Internet über http://dnb.d-nb.de abrufbar.

© 2020 Eugen Ulmer KG
Wollgrasweg 41, 70599 Stuttgart (Hohenheim)
E-Mail: info@ulmer.de
Internet: www.ulmer.de
Lektorat: Ulrike Andres, Antje Munk
Herstellung: Birgit Heyny
Umschlag-Gestaltung: Verlag Eugen Ulmer
Satz: Fotosatz Buck, Kumhausen
Druck und Bindung: Firmengruppe APPL, aprinta druck, Wemding
Printed in Germany

ISBN 978-3-8186-0956-6

Die in diesem Buch enthaltenen Empfehlungen und Angaben sind von den Autoren mit größter Sorgfalt zusammengestellt und geprüft worden. Eine Garantie für die Richtigkeit der Angaben kann aber nicht gegeben werden. Autoren und Verlag übernehmen keine Haftung für Schäden und Unfälle. Bitte setzen Sie bei der Anwendung der in diesem Buch enthaltenen Empfehlungen Ihr persönliches Urteilsvermögen ein.
Der Verlag Eugen Ulmer ist nicht verantwortlich für die Inhalte der im Buch genannten Websites.

Hier können Sie weiterlesen

Rinder gesund halten.
Kälberaufzucht, Klauengesundheit, Fruchtbarkeit.
Barbara Benz, Agnes Richter,
Thomas Richter. 2017. 137 Seiten,
52 Farbfotos, 28 farbige Zeichn.,
kart. ISBN 978-3-8186-0094-5.

In diesem Buch erfahren Sie, wie Sie Ihren Bestand durch Haltungsbedingungen, Fütterung und Tierbeobachtung gesund erhalten.
Gegliedert nach Biestmilchkalb, Milchkalb, Fresser, Mastbulle, Färse
und Kuh werden alle gesundheitsrelevanten Aspekte wie Kälberernäh-
rung, Bullenhaltung und Eutergesundheit detailliert besprochen. Und
wenn das Rind doch krank wird? Dann zeigt Ihnen dieser Ratgeber, wie
Sie Krankheiten erkennen können und welche Lösungsmöglichkeiten es
gibt. In zwei Extra-Kapiteln gehen die Autoren zusätzlich auf Stallklima und Faktorenkrankheiten ein.

Professionell Tiere transportieren

Tiertransporte.

Rechtliche Grundlagen,
Transportpraxis, mit Prüfungs-
wissen Befähigungsnachweis
Tiertransport. Robert Gayer,
Alexander Rabitsch, Ulrich
Eberhardt. 2016. 312 Seiten,
81 Fotos, 26 Zeichnungen,
36 Tabellen, kart.
ISBN 978-3-8001-7421-8.

Wer Tiere transportiert muss dazu befähigt sein und muss die gesetzlichen Anforderungen kennen. Dieses Buch dient Transporteuren,
Landwirten und Studierenden als praktischer Leitfaden. Die Autoren
stellen alle wichtigen Regelungen vor. Gleichzeitig dient dieses Buch als
Unterlage für den Erwerb des Befähigungsnachweises Tiertransporte.